André Reboullet
Nicole McBride
Claude Oliviéri
Michael Wendt

Hachette
français langue étrangère
79 bd Saint-Germain
75006 Paris

Le degré 2 de la **Méthode Orange**
comprend :
- un **livre** de l'élève
- un **cahier** d'exercices
- des **tests**
- 60 **diapositives**
- des **bandes magnétiques** contenant des documents et des exercices oraux
- un **carnet** du professeur

Le signe ⌵ renvoie aux paragraphes des pages de systématisation lexicale et grammaticale, à la fin du livre.

ISBN 2.01.003358.2.
ISBN 2.01.007719.9

© Hachette 1979. 79, boulevard Saint-Germain — F 75006 PARIS.
Tous droits de traduction, de reproduction et d'adaptation réservés pour tous pays.

La loi du 11 mars 1957 n'autorisant, aux termes des alinéas 2 et 3 de l'Article 41, d'une part, que les « copies ou reproductions strictement réservées à l'usage privé du copiste et non destinées à une utilisation collective », et, d'autre part, que les analyses et les courtes citations dans un but d'exemple et d'illustration, « toute représentation ou reproduction intégrale ou partielle, faite sans le consentement de l'auteur ou de ses ayants-droit ou ayants-cause, est illicite » (alinéa 1er de l'Article 40).

Pages			
4	Leçon	1	Une chanteuse américaine
10	Leçon	2	D'une lettre à l'autre
16	Leçon	3	C'est à mon tour !
22	Leçon	4	Yannis dans le métro
28	Leçon	5	La boîte à idées
34	Leçon	6	Petit commerce... ou supermarché ?
40	Leçon	7	Le collège de Christian
46	Leçon	8	Il faut savoir se débrouiller
52	Leçon	9	C'était en 1789... le 14 juillet
58	Leçon	10	Mille et une questions
64	Leçon	11	Et vous... qu'en pensez-vous ?
70	Leçon	12	De Delft à Saint-Malo...
76	Leçon	13	Les jeunes répondent aux jeunes...
82	Leçon	14	Demain... avec ou sans l'énergie nucléaire ?
88	Leçon	15	Et si c'était vrai...
94	Leçon	16	Ne perdez pas une occasion... Parlez !
100	Leçon	17	La cité occupée
106	Leçon	18	Pour un oui ou pour un non
112	Leçon	19	Les couleurs de la vie
118	Leçon	20	Que lisent-ils ?
126			Pages finales (Systématisation linguistique)

UNE CHANTEUSE AMERICAINE

Nous vous les présentons

Son vrai nom est Alain Cochevelou. Il est né en 1944 dans une famille bretonne. Il a commencé à chanter à 16 ans. Il joue de la harpe. Il chante en breton et en français. C'est un chanteur de musique folklorique qui est très connu en France et dans le monde.

Aujourd'hui, il s'appelle Alan Stivell.

Il est petit, mais il est très fort. Il a habité en Bretagne il y a très longtemps, mais il est toujours jeune.

Il a le visage rond. Ses bras et ses jambes sont courts, mais ses mains et ses pieds sont très gros. Il porte une petite épée.

Tu connais Astérix, bien sûr !

© Dargaud

Et voici Patrice qui va au collège de Saint-Denis. Il a quatorze ans et il est en cinquième.

Sa mère est employée de banque et son père est ouvrier dans une usine. Avec ses parents et sa sœur Sophie, Patrice habite à la Cité des Orangers.

Le dimanche, il joue au football. Il voudrait être fort comme Astérix. Il sait jouer de la guitare. Ses chanteurs préférés sont Alan Stivell et, bien sûr, Jane Martins.

des mots pour le dire

Nom ?   Prénom ?
Danielle avec deux l ?
Domicile ?
Profession ?

Vous vous appelez comment ?
Ça s'écrit comment ?
Vous habitez où ?
Quelle est votre profession ?

décrire quelqu'un

Il est gros / maigre.
Il est grand / petit.
Il fait 1,70 m.
Il a les yeux bleus.
Il a les cheveux longs.
Il porte des lunettes.
Il porte une cravate rouge
et un chapeau.

Elle a une robe verte.

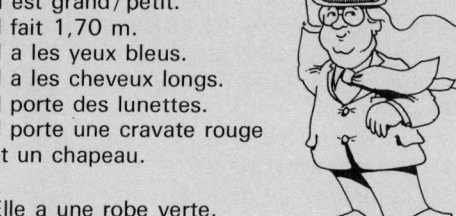

Il est C'est un	Elle est C'est une
journaliste employé	journaliste employée
étudiant ouvrier directeur chanteur	étudiante ouvrière directrice chanteuse

se présenter

Bonjour, madame.   Je suis | Bernard Chevalier.
                   Je m'appelle |

présenter quelqu'un

C'est | mon ami Eric Russell, | un jeune Anglais qui passe
Voici | Eric Russell, | ses vacances chez nous.

— Bonjour ! C'est ton premier voyage en France ?

Je | vous | présente madame Vallin qui travaille avec moi.
   | te |

J'ai le plaisir
de vous présenter...

Jane Martins. Elle chante en anglais.
Jane Martins qui chante en anglais.

Alan Stivell. Il chante en breton.
Alan Stivell qui chante en breton.

trois jeunes chanteuses. Elles chantent en français.
trois jeunes chanteuses qui chantent en français.

• *Regarde aussi* 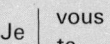 *1.2.1. et 3.2.*

Le cousin du Brésil

« Régine, n'oublie pas ! Ernesto arrive à quatre heures vingt-cinq.
— Oui, je sais...
— Écoute, Régine, ne fais pas la mauvaise tête. Ton cousin va passer deux semaines chez nous : il faut être gentille avec lui.
— Mmmm...
— Bon. Je pars maintenant. Je rentrerai du bureau à six heures. Va le chercher à l'aéroport et montre-lui un peu Paris cet après-midi. »
Ah là ! là ! ce cousin du Brésil, on parle de lui depuis un mois. Je dois lui laisser ma chambre, le conduire dans Paris... Ces quinze jours ne vont pas être très gais !
« Comment je vais faire pour le trouver ? Je ne le connais pas.
— J'ai écrit à son père et je lui ai envoyé ta photo : il se présentera à toi.
— Il est comment, ce petit garçon ? »
Maman rit, mais ne peut pas me répondre : Ernesto est né au Brésil et elle ne l'a jamais vu.

- **d'un mot à un autre**

  Ernesto va de São Paulo à Paris : il **voyage** ; il fait un **voyage** ; c'est un **voyageur**.
  Tu vas au magasin **acheter** quelque chose ; tu fais un **achat** ; tu es un **acheteur**.

  • Regarde aussi 1.2.1.

- **on a perdu une lettre**

  Ne fais pas la mauvaise tête   n'oublie pas.
  Je dois **le** conduire dans Paris   mais   je ne l'ai jamais vu.
  Je lui ai envoyé ta photo   j'ai écrit à son père.

  On a perdu un **e** mais on peut aussi perdre un **a** (l'adresse) ou un **i** (s'il veut voir Paris...).

  Pourquoi ? Parce que le mot qui suit commence par une voyelle : oublie, ai, adresse, il...

  La lettre perdue est dans un petit mot : c∉, (c'est), d∉, j∉, l∉, l∉, m∉, n∉, qu∉, s∉, s∤, t∉.

Quatre heures et quart. Je ne suis pas en retard. Une voix annonce au haut-parleur : « Vol Air France 099 Santiago du Chili, Buenos Aires, São Paulo, Rio, Dakar, arrivée sortie 22 ».
Je cours à la sortie 22 et j'attends.
Je regarde tous les enfants qui sortent. Il y en a beaucoup. Qui est Ernesto ? Ce petit garçon qui porte un anorak rouge ? Il a les cheveux bruns, il parle portugais, il est gentil : il donne la main à ses parents... Non, ce n'est pas lui : Ernesto voyage seul. Mais alors, où est-il, cet enfant ?
Tous les voyageurs sont passés maintenant. Il reste un jeune homme très maigre qui danse d'une jambe sur l'autre.
Bon, eh bien, Ernesto n'est pas là. C'est bizarre.
« Excusez-moi, Mademoiselle. Vous vous appelez Régine Dumont ? »
C'est le jeune homme maigre.
« Oui, mais...

— Vous habitez 17, rue Cambon ?
— Oui.
— Bonjour. Je suis votre cousin Ernesto. »
Oh ! Ce grand garçon maigre, c'est Ernesto ?
« Mais, vous avez quel âge ?
— Dix-huit ans. »
Ah ! Il est sympa, Ernesto. Il parle bien le français et c'est un beau garçon. S'il veut voir Paris et sortir avec moi, je suis d'accord maintenant !

• **prononcer et écrire**

Je m'appelle Bernard Chevalier. Vous vous appelez Régine Dumont ?

Tu t'appelles
Elle / il s'appelle   } 2 I
Elles / ils s'appellent

nous nous appelons } 1 I
s'appeler

• **des mots nouveaux**

Une voix **annonce** au haut-parleur...

Elle est triste.  Elle est **gaie**.

« Travailler toute la semaine, ce n'est pas gai. »

Elle fait la mauvaise tête = elle n'est pas gentille.
Exemple : Il ne veut pas jouer ; il ne veut pas nous aider, il fait la mauvaise tête.

D'UNE LETTRE A L'AUTRE

Brighton, le 20 Novembre

Chère Françoise,

Mon amie Jane m'a donné ton nom et ton adresse. Je m'appelle Susan, j'ai 15 ans et j'habite dans le sud de l'Angleterre à Brighton. J'ai une grande sœur et deux petits frères qui s'appellent: Julia, David et Kenny. J'aime beaucoup la musique, la lecture et la photo. Veux-tu être ma correspondante? J'attends ta réponse.
Susan

P.S. Je t'envoie une photo de toute la famille; derrière, c'est notre maison.

Rome, le 8 janvier

Ma chère Claire,

Un petit mot très vite. Vendredi prochain, je dois faire un exposé sur la Provence, en français bien sûr (j'ai quinze minutes!!).

J'ai écrit au Syndicat d'initiative de Marseille.

Peux-tu aussi m'aider ? Envoie-moi des photos, des cartes postales...

Merci d'avance.
Je t'embrasse.
Gina

P.-S. Comment vont tes parents ? Donne-moi de leurs nouvelles.

Francfort, le 1er décembre

Cher Yves,

Merci pour ta belle carte du Mont Blanc. J'attends mes vacances en France et la fin de l'année avec impatience.
Est-ce que je loue mes chaussures et mes skis ici ou à Chamonix ?
J'ai un examen dans une semaine, je t'écris après.
Ton ami,
Mathias

leçon 2

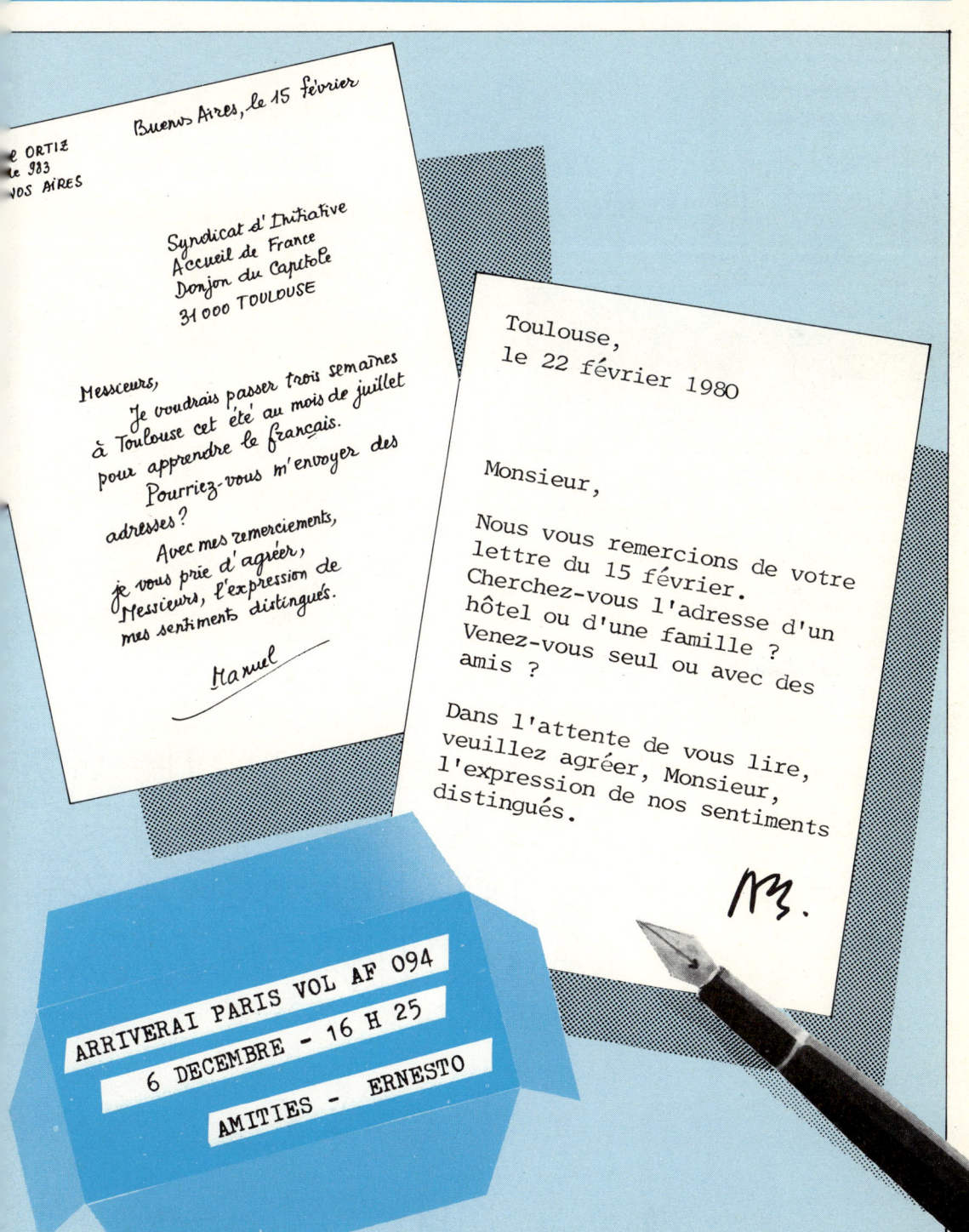

Buenos Aires, le 15 février

ORTIZ
933
OS AIRES

Syndicat d'Initiative
Accueil de France
Donjon du Capitole
31 000 TOULOUSE

Messieurs,

Je voudrais passer trois semaines à Toulouse cet été au mois de juillet pour apprendre le français.

Pourriez-vous m'envoyer des adresses ?

Avec mes remerciements, je vous prie d'agréer, Messieurs, l'expression de mes sentiments distingués.

Manuel

Toulouse,
le 22 février 1980

Monsieur,

Nous vous remercions de votre lettre du 15 février.
Cherchez-vous l'adresse d'un hôtel ou d'une famille ?
Venez-vous seul ou avec des amis ?

Dans l'attente de vous lire, veuillez agréer, Monsieur, l'expression de nos sentiments distingués.

ARRIVERAI PARIS VOL AF 094
6 DECEMBRE - 16 H 25
AMITIES - ERNESTO

La boîte aux lettres

Chère Sonia,

J'ai 16 ans. Il y a un mois, j'ai connu un garçon chez des amis et depuis, je pense toujours à lui.
Lui, il ne me voit pas. Il habite près de chez moi, mais il ne me dit pas bonjour.
Je suis triste, triste, et je ne veux plus sortir. Aide-moi !

Hélène

Ma chère Hélène,

Les garçons n'aiment pas les filles tristes.
Travaille, sois gaie, sors avec tes amis, amuse-toi et ne pense pas toujours à lui.
Et la prochaine fois... dis-lui bonjour !

Sur une enveloppe, on écrit :

— Monsieur, Madame ou Mademoiselle
— le prénom et le nom de famille
— le numéro et le nom de la rue
— le code postal (par exemple 44 pour le département, 600 pour la commune) et
— le nom de la ville ou du village.

Et n'oublie pas le timbre !
En France, on trouve des timbres :
à la poste   dans un bureau de tabac   chez un marchand de cartes postales

CORRESPONDANTS

J. F. 15 ans ch. correspondants ts pays, 15-18 ans, envoyer photos. Régine Dumont, 17, rue Cambon 75001 Paris.

Et voici le facteur qui apporte le courrier.

des mots pour le dire

si on écrit à des amis (ou des parents) :   si on écrit à d'autres personnes :

comment commencer la lettre

Cher ami, Chère amie, Chers amis,   Messieurs,
Cher Yves, Mon cher Yves,   Monsieur, Cher Monsieur,
Chère Françoise, Ma chère Françoise,   Madame, Mademoiselle... Chère Madame.

comment remercier quelqu'un

Merci   Nous vous remercions de votre lettre
Je te remercie | pour | ta | belle carte   du 15 février.
Je vous remercie| | votre | gentille lettre.

comment demander quelque chose

Peux-tu | me dire pourquoi... ?   Pouvez-vous | me dire... ?
        | m'envoyer l'adresse de... ?   Pourriez-vous |
Envoie-moi l'adresse de...   Je vous prie de | m'envoyer...
Réponds-moi vite !

                                           Je voudrais aller en France.
                                                    savoir | comment...
                                                           | où...
                                                           | quand (à quelle heure)...
                                                           | quel (quelle) est...
                                                           | quels (quelles) sont...
                                                           | combien...

comment finir la lettre

Bonjour à tes parents.   Agréez,
Donne-moi de tes nouvelles.   Je vous prie d' | agréer, | Monsieur,
A bientôt.   Veuillez |
Amitiés.   l'expression de mes sentiments distingués.
Bons baisers.
Je t'embrasse.

                                           • Regarde aussi 5.

Cinq semaines au Québec

(Cinq fois cinq – I)

Bernard Chevalier est en première au lycée de Nice. Sa famille habite un petit village de Provence, Tourrettes-sur-Loup. C'est un bon élève ; tous ses professeurs l'aiment bien, ses amis aussi.

Un jour, il reçoit une lettre de son cousin, qui habite Rennes, en Bretagne :

« Mon cher Bernard,
J'ai une bonne nouvelle pour toi. Tu sais : l'an dernier, en juillet, on a fait un concours de mots croisés. Eh bien, tu as gagné le premier prix : 5 semaines au Québec, cet été ! J'ai lu ça hier dans *Ouest-France*. C'est formidable... Bravo, Bernard !
Je t'embrasse.
Alain

P.-S. Moi, je n'ai rien gagné. »

- **le Québec en quarante mots**

- *Le Québec*, c'est une province du Canada, c'est « la belle province ».
- Deux grandes villes : Montréal (2 775 000 habitants) et Québec (493 000 habitants) sur un grand fleuve, le Saint-Laurent.
- 5,5 millions d'habitants : 80 % parlent le français.

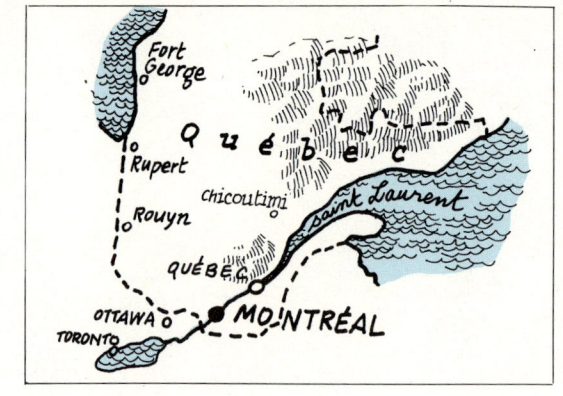

- **la famille de Bernard Chevalier**

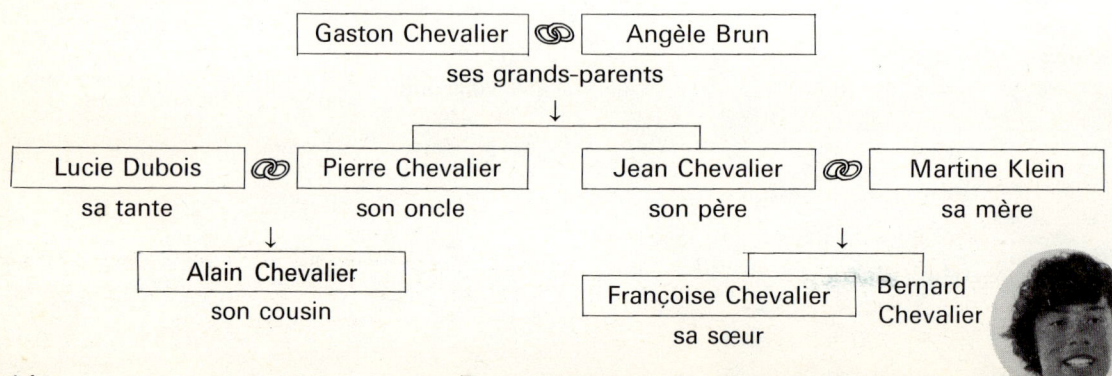

14

Bernard est très content. Il va voir son amie Muriel et lui annonce la bonne nouvelle.
« Mais, Bernard, ce n'est pas possible ! Cet été, on va en Corse tous les deux chez mon oncle Robert. Mes parents sont d'accord et toi, tu veux aller au Québec ?
— Écoute, Muriel, j'ai une idée : viens avec moi.
— Mais je n'ai pas gagné le concours, moi ! Un voyage en avion, ça coûte très cher : je n'ai pas d'argent...
— Fais comme tu veux, mais moi, je pars. Le Québec, Montréal, le Saint-Laurent, c'est extraordinaire, non ? »
Muriel n'est pas contente. Elle rentre chez elle, et Bernard prend l'autobus pour Tourrettes. Il raconte l'histoire à sa sœur Françoise qui lui dit :
« Sois gentil avec Muriel : ce n'est pas très drôle pour elle. C'est cher, un voyage comme ça.

— Si elle n'a pas d'argent, elle peut travailler. »
Une semaine après, le facteur apporte un paquet qui vient de Bretagne. C'est le concours ! Bernard l'ouvre vite et trouve un livre : « Cinq semaines au Québec » avec une petite carte : Grand Concours de mots croisés — 20e prix : Bernard Chevalier.
Bernard n'est pas content du tout mais il ne veut rien montrer. Il téléphone à Muriel :
« Tu sais, Muriel, je ne vais pas faire ce voyage au Québec... Je n'aime pas l'avion.
— Ah bon ?
— Oui, je préfère aller en Corse avec toi : ce sera plus sympa...
— Trop tard, Bernard ! J'ai téléphoné à Daniel hier soir : il va venir avec moi. Ça ne fait rien : ce sera pour une autre fois. Merci Bernard et encore bravo pour ton concours ! »

(à suivre)

- **attention ! rappel**

| Tu connais | MON
MA
MES
(à moi) | TON
TA
TES
(à toi) | SON
SA
SES
(à lui)
(à elle) | (pantalon)
(montre)
(lunettes) |

- **attention ! nouveau**

| | NOTRE
NOS
(à nous) | VOTRE
VOS
(à vous) | LEUR
LEURS
(à eux)
(à elles) | (fils, maison)
(enfants, amies) |

- Regarde aussi 3.1.

- **des mots nouveaux**

un concours
Dans un concours de dessins, il faut faire un beau dessin.
Dans un concours de danse, il faut bien danser.
Dans un concours de mots croisés, il faut trouver des mots croisés difficiles.
Le premier gagne un **prix** : un voyage, de l'argent, c'est le premier prix, et puis il y a les autres prix : une machine à laver, une télévision, un livre...

le lycée
En France, après le collège (classes de sixième, cinquième, quatrième et troisième), il y a le lycée (classes de seconde, première et terminale) : de 15-16 ans à 18-19 ans.

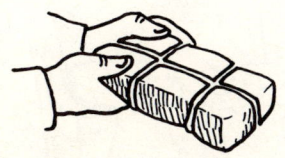

un paquet

C'EST A MON TOUR !

1

4

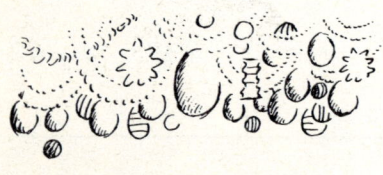

2

5

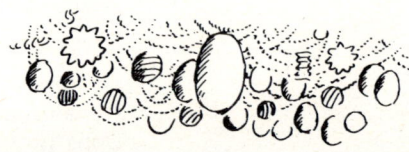

3

6

Sempé, *Sauve qui peut*, Denoël.

leçon

La voiture en question

des mots pour le dire   3

demander le silence

S'il vous plaît.	Laisse-le parler.	Tais-toi / Taisez-vous.
Un peu de silence,	Laissez-le parler.	Silence.
s'il vous plaît.		Chut.

demander la parole

Pardon, monsieur.   Je voudrais dire
Un mot seulement.   quelque chose /
                           deux mots.

                           C'est (à) mon tour
                           (de parler).

donner la parole

C'est à toi, Christian.	C'est à toi / à vous.	A toi !
C'est à vous, madame.		
	Tu veux / Vous voulez	
	dire quelque chose ?	

refuser la parole

Je regrette. C'est	Attends/Attendez.	Mais tu parles/
au tour de Francis.	Ce n'est pas encore	vous parlez toujours.
	ton/votre tour.	
	Non, maintenant	Tu n'arrêtes/vous
	c'est à Francis	n'arrêtez pas
	de parler.	de parler.

garder la parole

                           Attends/Attendez.   Mais laisse-moi/
                           Laisse-moi/Laissez-   laissez-moi parler !
                           moi finir.

                           Écoute-moi.
                           Écoutez-moi, je n'ai   Mais alors !
                           pas fini.

couper la parole

Je m'excuse.	Attends/Attendez.	Écoute/Écoutez !
Excuse-moi.		Arrête/Arrêtez !
Excusez-moi.		

• *Regarde aussi* 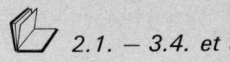 *2.1. — 3.4. et 5.*

Es-tu timide ou sûr(e) de toi ?

1 Tu veux parler mais personne ne t'écoute.
  a) Tu parles très fort.
  b) Tu attends ton tour.
  c) Tu te tais.

2 Tu es très en retard pour une invitation chez des amis.
  a) Tu arrives et tu dis : « Devinez pourquoi je suis en retard. »
  b) Tu entres et tu vas vite retrouver un ami.
  c) Tu restes chez toi.

3 Personne ne t'invite.
  a) Tu t'invites : tu vas chez tes amis.
  b) Tu invites des amis.
  c) Tu restes chez toi.

4 Ta couleur préférée :
  a) Le rouge.
  b) Le blanc.
  c) Le rose ou le bleu pâle.

• un mot ne dit pas toujours la même chose

la caisse
(du magasin, de la banque)

une caisse

la poste

un poste de radio

la monnaie de 100 F

des pièces
de monnaie

Il n'y a personne.
Je ne vois personne.

Je vois beaucoup
de personnes.

5 On veut te faire un cadeau et on te demande de choisir.
  a) Tu dis : « J'aime beaucoup ça. »
  b) Tu dis : « Comme vous voulez. »
  c) Tu dis : « Oh ! non, ce n'est pas la peine. »

6 On te demande de chanter.
  a) Tu dis : « Bien sûr ! » et tu chantes deux chansons.
  b) Tu chantes.
  c) Tu dis : « Non, merci. »

7 Dans un magasin, tu as donné un billet de 100 F et on ne te rend pas la monnaie :
  a) Tu dis : « Vous oubliez ma monnaie ! »
  b) Tu attends un peu devant la caisse.
  c) Tu sors du magasin sans rien dire.

8 Tu ne trouves pas la rue qui va à la poste.
  a) Tu arrêtes quelqu'un et tu lui demandes comment on va à la poste.
  b) Tu achètes un plan de la ville.
  c) Tu cherches tout seul pendant une heure.

RÉPONSES

Es-tu timide ou sûr(e) de toi ?

Compte 5 points pour les réponses *a*,
3 points pour les *b*
et 1 point pour les *c*.

Si tu as plus de 30 points :
Tu n'es pas timide du tout, tu es peut-être trop sûr(e) de toi.
Pense plus à tes amis, un peu moins à toi.
Mais tu es content(e) de toi, c'est bien !

Si tu as de 20 à 30 points :
Bravo ! tu n'as pas peur de parler mais tu sais aussi penser aux autres. Continue !

Si tu as moins de 20 points :
Il y a des choses que tu voudrais dire ou faire, mais tu as peur. Peur de quoi ?
De rien !
Essaie d'être moins timide. Bientôt, ce sera facile.

- **d'un mot à un autre**

Tu **invites** des amis ; ils reçoivent une **invitation** ; ce sont tes **invités**.
Tu **expliques** quelque chose ; tu donnes une **explication**.
Tu **répares** ton vélo ; tu fais une **réparation**.

• Regarde aussi *1.2.*

- **verbes : attention aux dernières lettres**

Je se |rai| J'au |rai| Je pour |rai|
   ↑
   r + ai, as, a, ons, ez, ont = C'est le futur.

• Regarde aussi *5.*

- **des mots nouveaux**

Ce n'est pas la peine = Il ne faut pas. (Mais ce n'est pas toujours vrai !)

| **rose** | rouge | rose | blanc |

Attention : une rose, c'est aussi une fleur. Mais il y a des roses... rouges.

| **pâle** | bleu | bleu pâle | blanc |

21

leçon 4

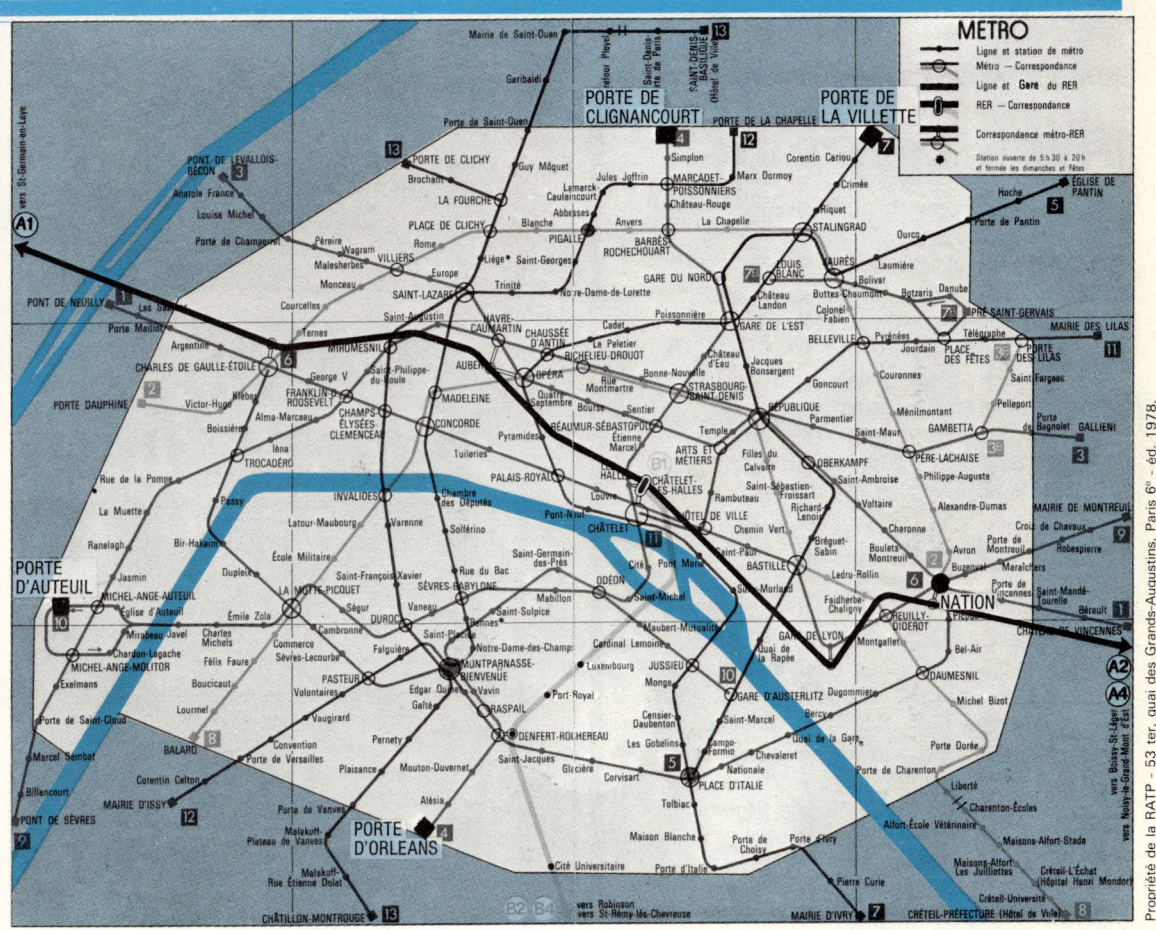

des mots pour le dire

> MONSIEUR ! MADAME ! MADEMOISELLE !
> S'IL VOUS PLAÎT !
> PARDON.   EXCUSEZ-MOI.
> IL Y A QUELQU'UN ?

demander un renseignement

Pour aller à..., s'il vous plaît ?
Où se trouve..., s'il vous plaît ?
Le Panthéon, s'il vous plaît ?
C'est loin d'ici ?

demander de répéter

Comment ?
Pardon ?
Pouvez-vous répéter ?

renseigner quelqu'un

Ce n'est pas loin.
A pied, vous en avez pour deux minutes.
C'est | (toujours) tout droit.
      | par là.

Prenez la première rue à | droite.
                         | gauche.

Vous avez un plan là-bas.
Excusez-moi : je ne suis pas du quartier.

aider quelqu'un

Je peux vous aider ?
(Si vous voulez), je viens avec vous.
Je vais vous montrer. Tenez, regardez...

> MERCI.   DE RIEN !

23

comment voyager ?

partout, plus vite,
AVEC LE TRAIN

Pour bien voyager, il faut savoir choisir son train :
Les **omnibus** ne vont pas loin et s'arrêtent à toutes les gares.
Les **express** s'arrêtent seulement dans les grandes villes.
Dans les **rapides** comme le Mistral (Paris-Nice) ou les Trans Europ Express (T. E. E.) comme l'Oiseau bleu (Paris-Bruxelles) ou le Parsifal (Paris-Hambourg), les places sont chères.

Vous voyagez beaucoup, vous avez moins de 26 ans ?

Prenez la **Carte Inter-Rail** qui vous donne, pendant un mois, 50 % de réduction sur tous vos voyages SNCF en France. Avec la Carte Inter-Rail, vous pouvez aussi voyager sans payer dans 20 pays étrangers : Autriche, Belgique, Danemark, Eire, Espagne, Finlande, Grèce, Hongrie, Italie, Luxembourg, Maroc, Norvège, Pays-Bas, Portugal, République Fédérale d'Allemagne, Roumanie, Royaume-Uni, Suède, Suisse et Yougoslavie.

une solution intéressante

TRAIN +vélo

comment louer un vélo ?

Vous présentez une pièce d'identité.
Vous payez 15 F par jour.

Adressez-vous au chef de gare.

24

si vous prenez votre temps... 4

en auto-stop

Et le « stop », ça marche en France ? Pas très bien peut-être, mais vous pouvez toujours essayer.
Si vous voulez faire de l'auto-stop, commencez par vous regarder et demandez-vous : « Si je conduis une voiture, est-ce que je vais m'arrêter pour prendre quelqu'un comme moi ? » Alors, un coup de peigne... un sourire. Et choisissez bien votre endroit : Les voitures ne vont pas trop vite ? Il y a assez de place pour s'arrêter ? Si quelqu'un s'arrête, demandez : « Je vais à... Vous voulez bien me prendre ? Merci beaucoup ! »

mais si vous voulez être loin de la ville, du bruit et des voitures, suivez les sentiers de grande randonnée... à pied !

Yannis et ses amis ont fait 260 kilomètres (Saint-Flour - Aubusson) en 15 jours.

En France : 25 000 km de sentiers de GR.
Un exemple : le GR4 va de la Méditerranée à l'Atlantique !

savoir se diriger

sur la route

trouver la bonne route...

Une Nationale est une route importante. La N 6 va de Paris à l'Italie. Elle passe par Chalon, Lyon et Chambéry.

A6

L'autoroute A 6 va de Paris à Lyon. En France, on paie pour circuler sur les autoroutes.

Arrêtez-vous au :

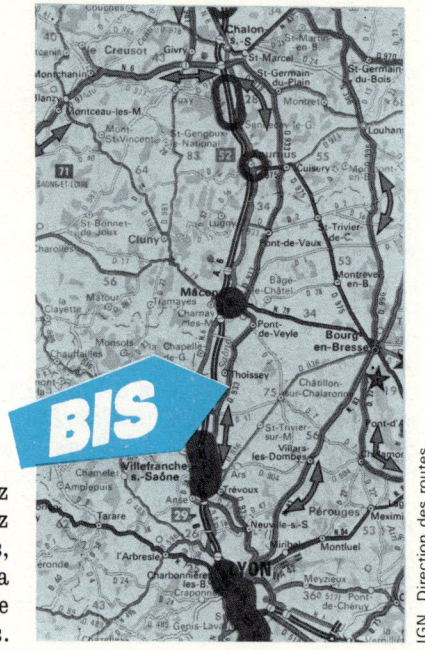

Si vous avez le temps, prenez un itinéraire bis, il y aura moins de voitures.

IGN. Direction des routes.

et en ville

lire le plan de la ville

VILLENEUVE

① Gare
② Église
③ Mairie
④ Collège
⑤ P et T
⑥ Commissariat de Police
⑦ Marché
⑧ Parking
⑨ Hôtel du Lac
⑩ I (Syndicat d'initiative)

reconnaître...

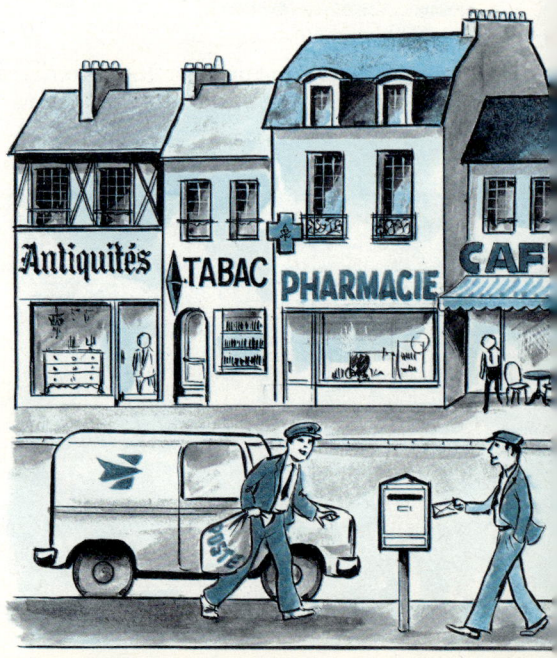

4

s'arrêter...   regarder...

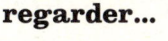

LA BOITE A IDEES

Qu'est-ce qu'on peut faire avec un pendule ?

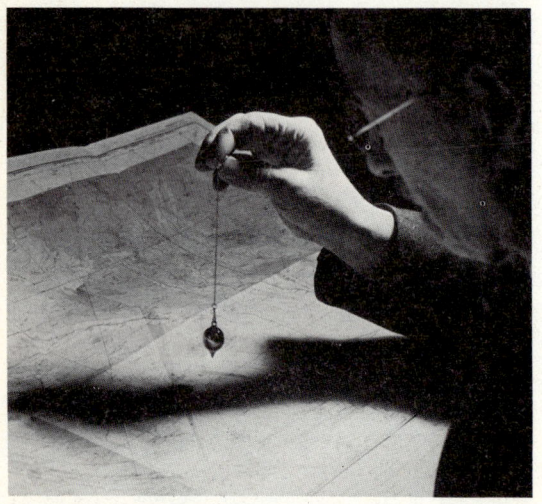

Le pendule peut répondre par oui ou par non aux questions qu'on lui pose. Il répond oui en tournant dans le sens des aiguilles d'une montre et non en tournant dans l'autre sens.

On peut poser beaucoup de questions au pendule : Est-ce que j'irai en vacances en Italie ? On aura quel temps en septembre ? Est-ce que Sophie m'aime ?

Voici l'exemple des verres d'eau : on met de l'eau dans deux verres et un peu de sel dans un seul verre. On les pose sur la table. Il faut trouver le verre d'eau qui est sans sel. Tenir la ficelle du pendule à 6 centimètres du pendule. Lancer le pendule d'avant en arrière au-dessus d'un des verres en posant la question : Est-ce qu'il y a seulement de l'eau dans ce verre ? Si le pendule tourne dans le sens des aiguilles d'une montre, la réponse est oui. S'il tourne dans l'autre sens, c'est non.

(D'après Paris-Match, « Petit Guide pratique de l'estivant », 24-7-1976).

leçon **5**

Pour changer votre jean en short

Prenez des ciseaux, une règle et un crayon (1). Mettez-vous en jean devant une glace (2). Avec le crayon, faites une croix sur le jean (3). Posez le jean sur une table puis faites un trait avec la règle (4) et coupez (5). Faites aussi un trait au crayon sur l'autre jambe et suivez-le avec les ciseaux.

Pour faire des franges, passez le jean que vous venez de couper à la machine à laver.

(*D'après* Paris-Match, « Petit guide pratique de l'estivant », 24-7-1971.)

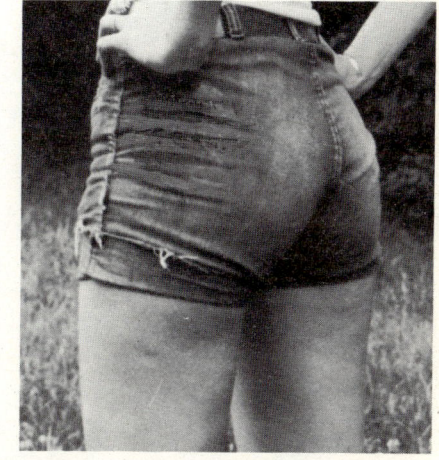

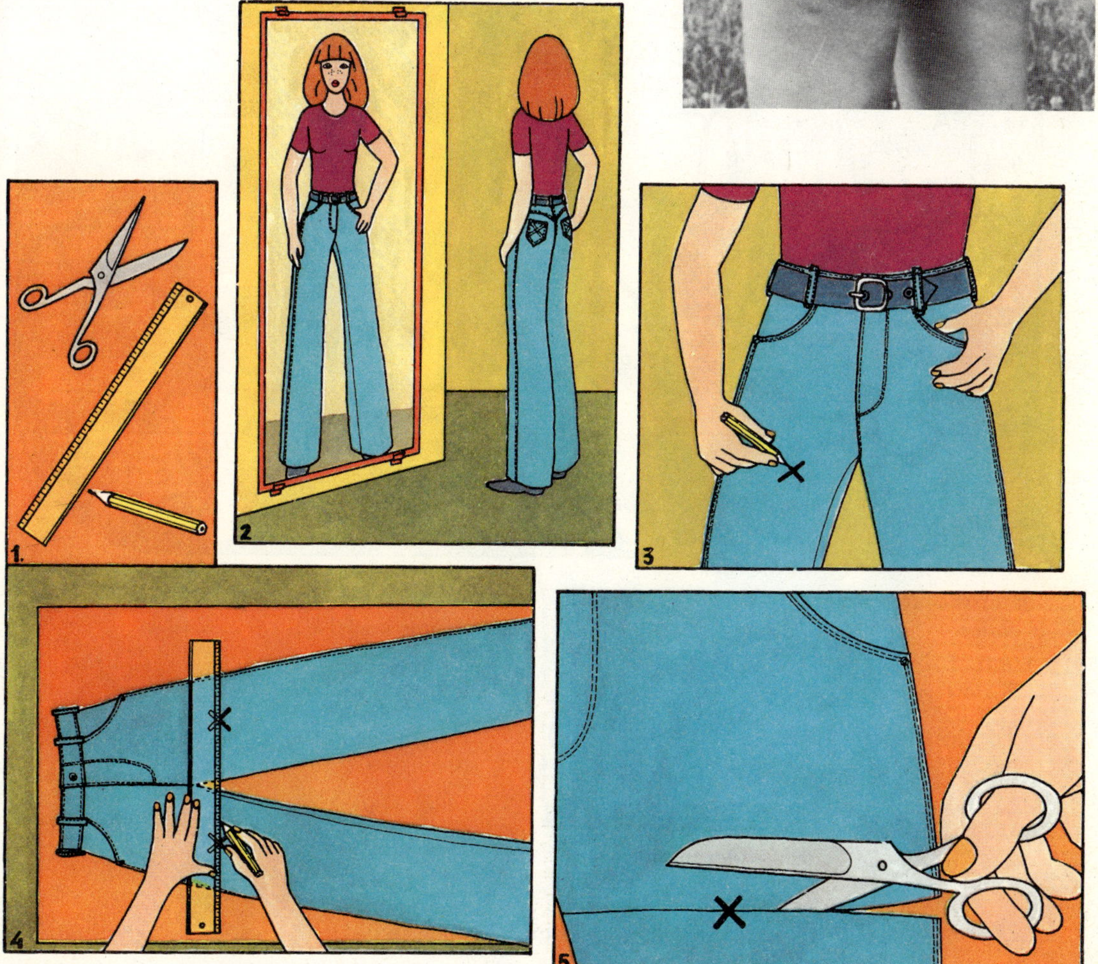

29

Le jeu de l'oie

Numéros blancs :
Attention !
Exemple :
   Tu arrives à la case 10.

   Tu dois reculer de 6 cases. ←

   Va à la case 4.

Numéros bleus :
Une bonne surprise !
Exemple :
   Tu arrives à la case 6.

   Tu dois avancer de 3 cases. →

   Va à la case 9.

Maintenant, commence : lance le dé !

des mots pour le dire

1 demander un conseil

Qu'est-ce qu' | il faut / on doit / on peut | faire (avec un pendule)?

On fait comment?
Tu sais comment on fait?

---

2 donner un conseil, une recette

POUR

... interroger le pendule,

vous faites tourner le pendule.
faites tourner le pendule.
on doit / il faut | faire tourner le pendule.

faire tourner le pendule

... changer votre jean en short,

vous vous mettez devant une glace.
mettez-vous / mets-toi | devant une glace.
on doit / il faut | se mettre devant une glace.

se mettre devant une glace

Ne vous arrêtez pas là! Ne t'arrête pas là!
On ne s'arrête pas là.
Il ne faut pas s'arrêter là.

---

3 et si vous faites deux choses à la fois...

Faire une croix + regarder dans la glace =
Faire une croix **en** regard**ant** dans la glace

Le pendule répond oui **en** tourn**ant** dans le sens des aiguilles...

QUE	Vous venez de couper (un jean) + Vous passez le jean à la machine à laver.
	Passez le jean **que** vous venez de couper à la machine à laver.
	Le pendule répond aux questions **qu'**on lui pose
	On pose des questions au (pendule) + Le pendule répond aux questions.

• Regarde aussi 2.1. – 2.2. – 3.1. – 3.2. et 4.

Ces gestes qui tuent

La nature est malade. Il y a des animaux et des plantes qui meurent tous les jours. Et c'est l'homme qui les tue. Il faut protéger l'arbre et la fleur, l'éléphant et l'insecte, la mer et les rivières; sans eux, nous ne pouvons pas vivre. Hélène est une amie de la nature; écoutez-la : ne faites pas ces gestes qui tuent.

Ne touchez pas les nids. Laissez les petits oiseaux dans leur nid. La mère est peut-être partie en laissant ses petits. Si vous les enlevez de leur nid, ils ne sauront pas et ne pourront pas revenir.

Ne retournez pas les rochers sur la plage. Le soleil peut brûler les œufs qui se trouvent sous les rochers.

Ne jetez pas de papiers, de boîtes dans les rivières.

- **attention au pluriel des noms**

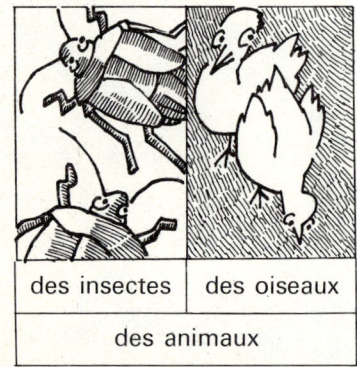

des insectes	des oiseaux
des animaux	

- al	→	- aux
- eau	→	- eaux

... et au futur des verbes

Tu sais mettre un verbe au futur (voir p. 21).

Ex. : prendre → je prendrai. S'ils ne peuvent pas prendre l'avion, ils **prendront** le train.

Mais attention au futur de ces verbes :

Aller → j'**i**rai
Faire → Je f**e**rai
Pouvoir → je p**ou**rrai
Savoir → je s**au**rai

Il y a toujours à la fin du mot -R + ai, mais le début a changé.

Exemple : Ses petits ne **sauront** pas et ne **pourront** pas revenir au nid.

- **prononcer et écrire**

Rappelle-toi :

On écrit **appeler** mais ils **appellent** (voir p. 9).

On écrit aussi :

jeter mais je **jette**
nous **jetons** tu **jettes**
vous **jetez** il(s) **jette**(nt)

Au futur, on a toujours :

j'**appellerai**, tu **appelleras**
je **jetterai**, tu **jetteras**...

C'est la même chose pour les verbes **prendre**, **apprendre** et **comprendre**.

Nous prenons / ils prennent.

• *Regarde aussi* 5.

5

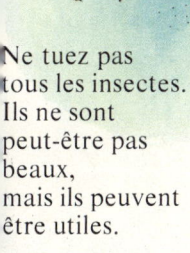

Ne tuez pas
tous les insectes.
Ils ne sont
peut-être pas
beaux,
mais ils peuvent
être utiles.

La Méditerranée — EN PROVENCE, LA FORÊT BRÛLE TOUJOURS

Vous aimez les fleurs ?
Laissez-les vivre.

Ne jetez pas vos cigarettes
dans une forêt : le bois brûle vite.
Tous les ans, la France perd beaucoup de forêts

- **des mots nouveaux**

vivre et mourir

L'oiseau **vit**.
Il est **vivant**.

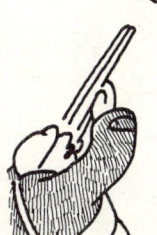

L'homme **tue**
l'oiseau.

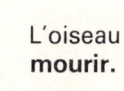

L'oiseau va
mourir.

L'oiseau est
mort.

protéger la nature, c'est protéger...

33

PETIT COMMERCE...

OU SUPERMARCHE ?

leçon

Nombre de supermarchés en Europe

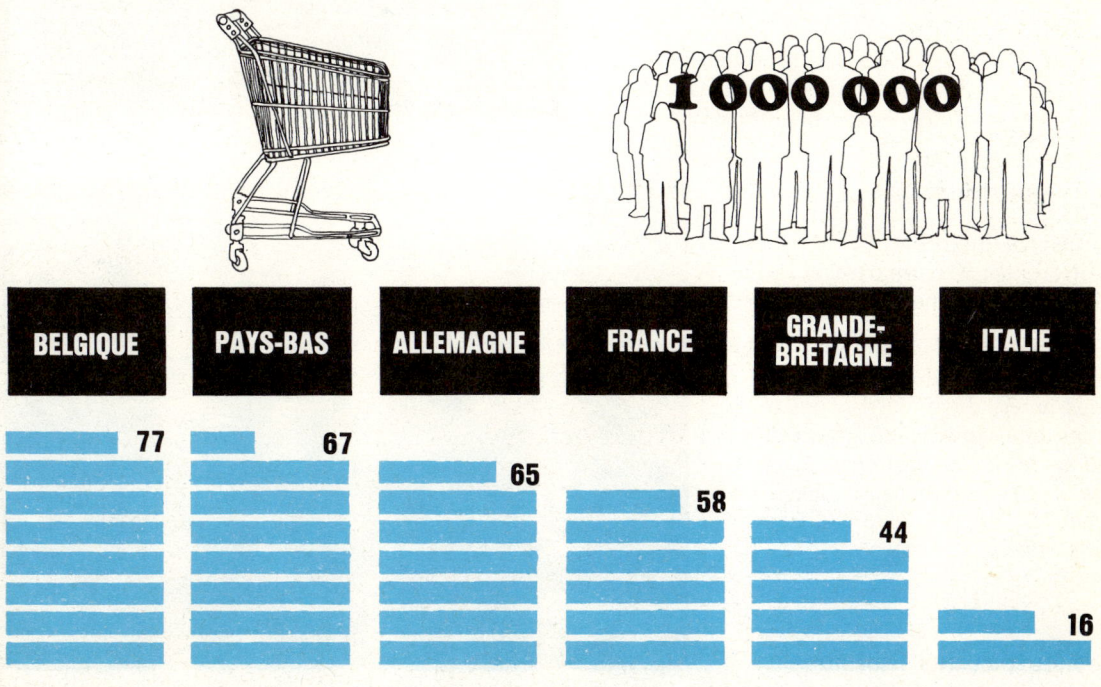

Paris d'hier et d'aujourd'hui

Paris, c'est...
des monuments...

le Louvre

Le Louvre est le plus grand palais du monde.
Commencé en 1204 et terminé seulement par Napoléon III en 1868, ce palais est aujourd'hui le musée le plus important et le plus connu de France.

Beaubourg

Avec ses cinq étages et ses gros tuyaux de toutes les couleurs, Beaubourg ressemble un peu à une usine. Depuis 1977, 20 000 personnes viennent tous les jours. C'est le musée le plus original de Paris.

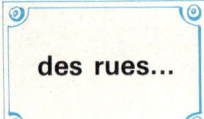

des avenues très larges
— av. Foch : 120 m
— av. de Vincennes : 83 m

des rues très longues
— rue de Vaugirard : 4 350 m
— rue des Pyrénées : 3 515 m

des rues très courtes
— rue des Degrés : 4,75 m
— rue Dalloz : 23 m

des quartiers...

Tous les quartiers de Paris sont différents : Montmartre et la Défense, ce n'est pas la même chose.

A Montparnasse, il y a des maisons (des grandes et des petites), des cafés, des théâtres, des cinémas, mais aussi une grande tour avec des bureaux et des magasins : la Tour Montparnasse est l'immeuble le plus haut d'Europe (58 étages, 210 m).

et surtout des Parisiens !

des mots pour le dire

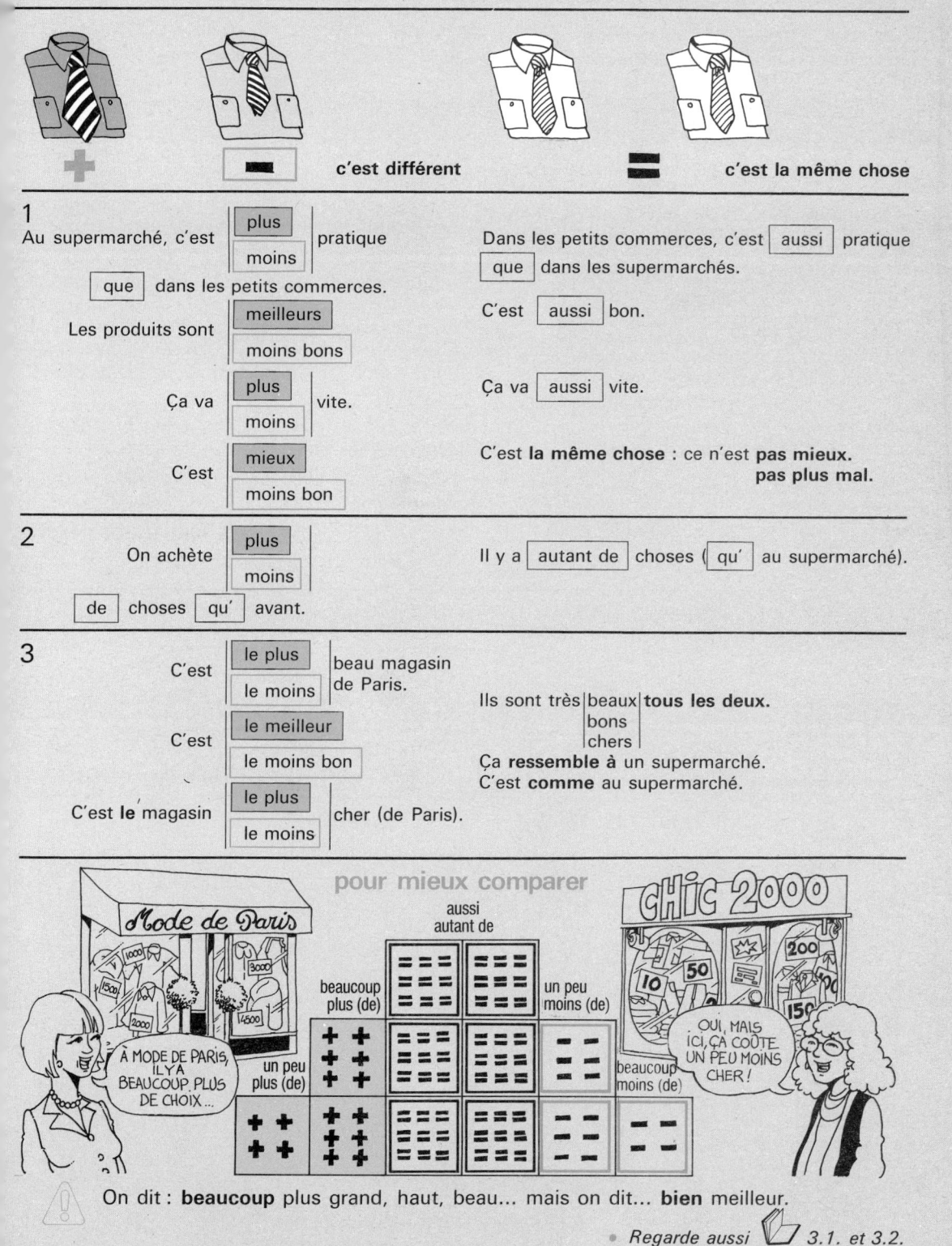

➕ ➖ c'est différent   ⬛ = c'est la même chose

1
Au supermarché, c'est [plus / moins] pratique [que] dans les petits commerces.

Dans les petits commerces, c'est [aussi] pratique [que] dans les supermarchés.

Les produits sont [meilleurs / moins bons]

C'est [aussi] bon.

Ça va [plus / moins] vite.

Ça va [aussi] vite.

C'est [mieux / moins bon]

C'est **la même chose** : ce n'est **pas mieux**, **pas plus mal**.

2
On achète [plus / moins] [de] choses [qu'] avant.

Il y a [autant de] choses ([qu'] au supermarché).

3
C'est [le plus / le moins] beau magasin de Paris.

C'est [le meilleur / le moins bon]

C'est le magasin [le plus / le moins] cher (de Paris).

Ils sont très [beaux / bons / chers] **tous les deux**.

Ça **ressemble à** un supermarché.
C'est **comme** au supermarché.

---

pour mieux comparer

aussi
autant de

beaucoup plus (de)
un peu plus (de)

un peu moins (de)
beaucoup moins (de)

À MODE DE PARIS, IL Y A BEAUCOUP PLUS DE CHOIX...

OUI, MAIS ICI, ÇA COÛTE UN PEU MOINS CHER !

⚠️ On dit : **beaucoup** plus grand, haut, beau... mais on dit... **bien** meilleur.

• Regarde aussi 📖 3.1. et 3.2.

37

Un animal bizarre

Quel est l'animal le plus long et le plus mince, le plus mou et le plus souple, le plus utile et le plus mal connu?
Cherchez un peu...

Il n'a pas de dents, mais il a une bouche.
Il n'a pas de pattes, mais il marche vite.
Il n'a pas d'yeux, il n'entend pas; il n'a pas de poumons, mais il respire avec sa peau.
Vous ne voyez pas?

On dit aussi que si on le coupe en 2 ou 3 morceaux, on a 2 ou 3 animaux!
Vous devinez?

Il n'aime pas l'eau, mais il aime beaucoup la terre : il la mange tous les jours!
S'il tombe dans l'eau, il meurt, mais si la terre n'a pas d'eau, il meurt aussi.
Vous avez trouvé?

Oui, bien sûr, c'est un VER DE TERRE

C'est bien lui le moins fort : son corps est très mou; le plus souple : il est tout en muscles; le plus utile : il retourne la terre qui peut ainsi respirer, et les plantes ne meurent pas. Mais qui le sait?

Il n'aime pas la lumière : il vit sous la terre qu'il creuse avec sa bouche. Le travail qu'il fait est extraordinaire : dans un mètre cube de terre, il y a plus de 1 000 vers qui retournent en un an plus de 250 kilos!

Il a beaucoup d'ennemis : les oiseaux, les petits serpents, les gros insectes mais aussi les hommes. Les hommes qui ne voient pas la différence entre lui, le bon ver de terre et les autres vers qui aiment trop la viande, les fruits et le bois...

Ne le coupez pas en deux : vous ferez le plus souvent deux morts!

Ne tuez pas les vers de terre : ils sont très utiles à l'homme.

Il faut les protéger.

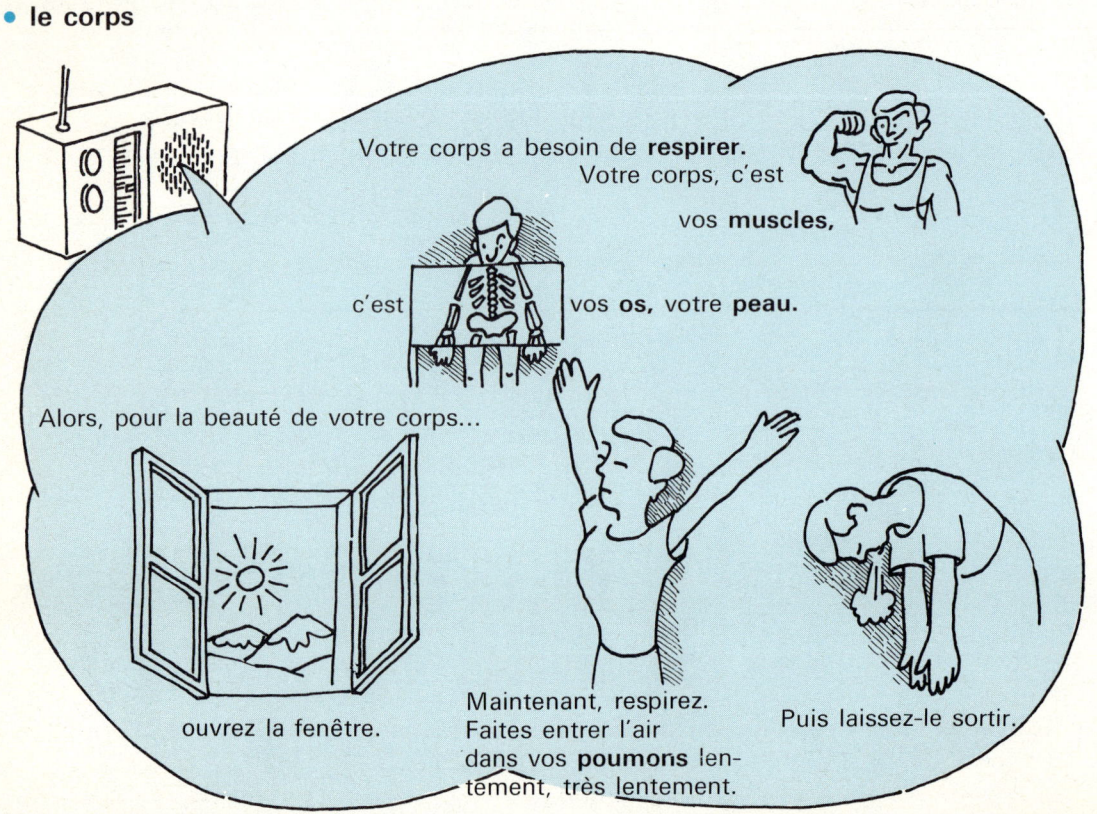

• **le corps**

Votre corps a besoin de **respirer.**
Votre corps, c'est vos **muscles,**
c'est vos **os,** votre **peau.**

Alors, pour la beauté de votre corps...

ouvrez la fenêtre.

Maintenant, respirez. Faites entrer l'air dans vos **poumons** lentement, très lentement.

Puis laissez-le sortir.

6

Histoire en vers

A midi, on a chaud ! Alors, le petit *ver*,
Long, souple et tout en muscles, s'en va *vers*
Son trou. Mais un homme, tout habillé de *vert*,
Est assis à sa place : il chante, il fait des *vers*.
Il boit, il boit et, sur le trou du petit *ver*,
D'un geste maladroit, il renverse son *verre*.

• **des mots nouveaux**

nu

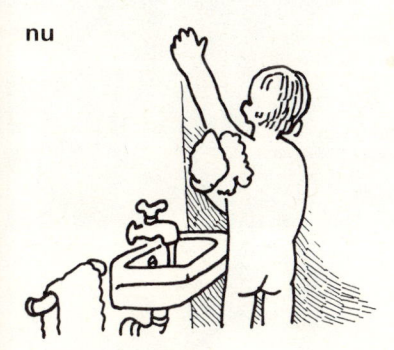

Il est nu. 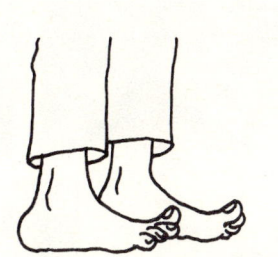   Des pieds nus.    Il a la tête nue.

creuser :
faire un trou.

mou, molle ≠ dur, dure.
La terre est molle,
les pierres sont dures.

un ennemi ≠ ami.
Est-ce que l'homme est un
ennemi de la nature ?

un serpent

⚠ Attention au pluriel des noms : un œil → des yeux.

39

LE COLLEGE DE CHRISTIAN

1.

2. Il a l'air sympa...
Oui, mais il n'aime pas les planches à roulettes, lui...

3.

4. Mireille et Yves, eux, ce sont nos champions.

5. C'est Vauban qui organise ça...
GRANDE FETE SAMEDI PROCHAIN
Venez nombreux

leçon 7

6. Nous, on n'a pas cours cet après-midi.

7. C'est à cette heure que vous arrivez, Guimard !

8. C'est mon prof de français. Elle, elle est bien !

9. Ah, Guimard ! C'est gentil de venir.

10. Moi, ça me plaît.

Ça, c'est extraordinaire !

1 un but à la dernière minute !

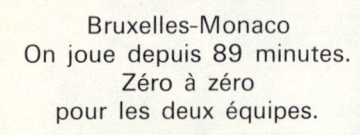

Bruxelles-Monaco
On joue depuis 89 minutes.
Zéro à zéro
pour les deux équipes.

2 nettoyer c'est bien...
ne pas salir c'est mieux

centre d'action
pour la propreté
de paris 278-78-70
hôtel de ville

3 un timbre qui vaut des millions

Claire et son amie Hélène ont trouvé, sur une vieille enveloppe, un timbre de 1849. Hélène l'a gardé : elle veut le montrer à quelqu'un qui connaît bien les timbres.

Claire, le soir, explique tout à son père. Elle est très contente, elle va gagner des millions ! Son père sourit, il est moins sûr : « Le timbre que vous avez trouvé est peut-être faux. Il est peut-être déchiré. Avez-vous bien lu la date ? »

des mots pour le dire 7

pour souligner des mots dans une phrase...

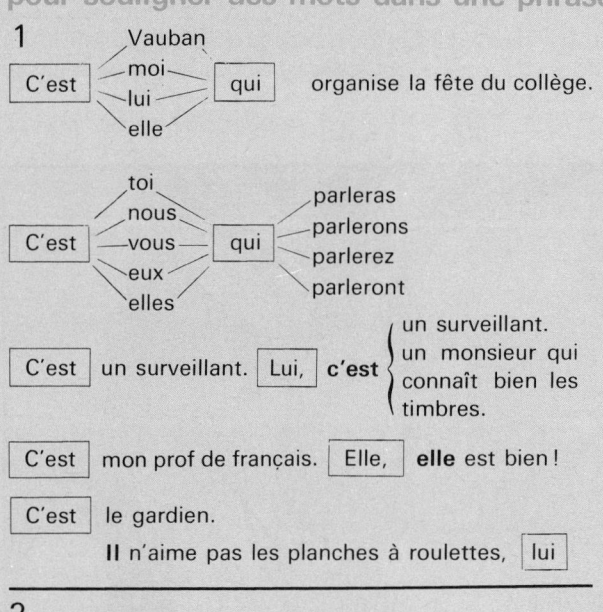

1

C'est { Vauban / moi / lui / elle } qui organise la fête du collège.

C'est { toi / nous / vous / eux / elles } qui { parleras / parlerons / parlerez / parleront }

C'est un surveillant. Lui, c'est { un surveillant. / un monsieur qui connaît bien les timbres.

C'est mon prof de français. Elle, **elle** est bien !

C'est le gardien.
Il n'aime pas les planches à roulettes, lui.

2

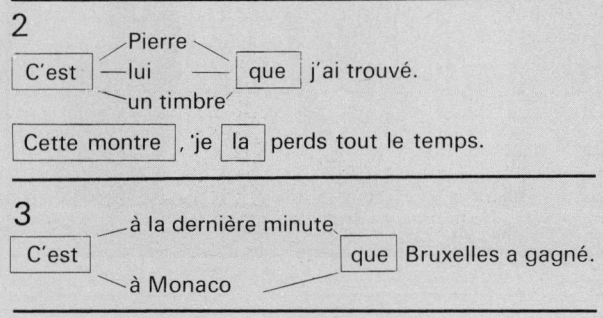

C'est { Pierre / lui / un timbre } que j'ai trouvé.

Cette montre , je la perds tout le temps.

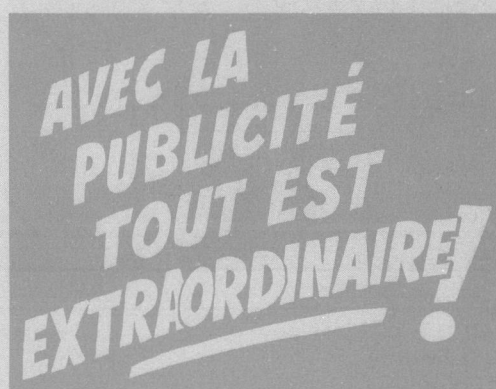

3

C'est { à la dernière minute / à Monaco } que Bruxelles a gagné.

4 Avec **c'est... qui** et **c'est... que**, on peut souligner beaucoup de choses dans une phrase.
- C'est Claire qui a trouvé le timbre.
- C'est un timbre de 1849 qu'elle a trouvé.
- C'est sur une vieille enveloppe qu'elle l'a trouvé.
- C'est hier qu'elle l'a trouvé.
→ Hier, Claire a trouvé un timbre de 1849 sur une vieille enveloppe.

Regarde aussi 2.1., 3.1. et 3.4.

C'est **bien** toi qui as lu la **date** ?

C'est **bien** vous **qui** avez dit ça ?

C'est une **très, très** belle histoire.

Ça, c'est sûr.
Bien sûr !

Moi, ça me plaît.
Moi aussi.

Je ne suis **pas** contente **du tout** !
Moi non plus !

Ce n'est **vraiment** pas amusant.
FOR-MI-DA-BLE !

AVEC LA PUBLICITÉ TOUT EST EXTRAORDINAIRE !

C'est en été qu'il faut apprendre les langues étrangères.

LA CORSE EN CAR FERRY C'EST PRATIQUE ET MOINS CHER !

Citroën Visa ça, c'est une auto.

43

Une bonne idée

(Cinq fois cinq - II)

Le mois de juillet est arrivé; ce sont les grandes vacances. Muriel a oublié l'histoire du voyage à Montréal (1) : elle a invité Bernard en Corse, chez son oncle Robert. Mais il n'est pas seul; il y a aussi Daniel et une amie, Catherine, qui est venue avec son petit frère Guy.

Les cinq jeunes sont contents de leurs vacances, mais ils se disputent quelquefois. Muriel a ici des amis qu'elle voudrait revoir, mais impossible avec Bernard qui est toujours avec elle !

(1) Voir leçon 2, pages 14 et 15.

- **à travers...**

Tu connais déjà les mots **vers** et **traverser**.
Exemple : Le petit ver s'en va **vers** son trou.
L'âne a **traversé** la rivière.

Tu peux deviner le sens de **à travers** + nom :
passer **à travers** quelque chose = passer de l'autre côté; traverser.
Exemple : Cette route passe **à travers** la forêt : elle traverse la forêt.

Enfin, une **traversée**, c'est un voyage en bateau, en avion... ou à la nage (en nageant).
Exemples : La mer est belle : la **traversée** est agréable.
Tous les ans, il y a des gens qui font la **traversée** de la Manche à la nage.

- **on dit ... / on écrit**

On écrit toujours : « Ce bois **n'**est **pas** à vous ».
Mais en parlant, on peut oublier le **ne**.

On dit : « Ce **n'**est **pas** moi »
ou : « C'est **pas** moi ».

On dit et on écrit :
  « **Ce sont** les vacances »
  ou : « **C'est** les vacances ».

- Regarde aussi ☞ 1.2.1.

7

L'oncle Robert vit seul dans un petit village de montagne ; chez lui, il n'y a pas d'eau. Tous les jours, matin et soir, il faut aller à la rivière. Aujourd'hui, c'est le tour de Bernard. Guy court derrière lui.
« Attends-moi, Bernard. Je vais avec toi. »
Ils montent tous les deux sur l'âne et descendent à la rivière, à travers la forêt.
Tout à coup, ils voient des branches d'arbre coupées.
« Oh, regarde, dit Guy, du bois ! Il est déjà coupé. Prenons-le et apportons-le à la maison.
— Bonne idée ! répond Bernard, ça, ça fera plaisir à l'oncle de Muriel. »
Et, sans perdre de temps, ils mettent les branches sur l'âne.
« Eh là ! »
Bernard et Guy tournent la tête.
« Qu'est-ce que vous faites, tous les deux ? »
C'est un homme qu'ils ne connaissent pas. Un paysan peut-être ? Mais l'homme a une grosse voix, il n'a pas l'air content : il leur fait un peu peur.
« Eh bien... euh... C'est lui qui a trouvé ce bois, Monsieur, et il...
— Non, c'est pas moi, c'est lui qui a eu cette idée.
— Arrêtez de vous disputer. Ce bois n'est pas à vous. Mettez... les branches qui restent sur mon âne, et on apportera tout ça à son propriétaire. »

Les deux garçons recommencent à travailler. L'homme les regarde sans rien dire.
Une demi-heure après, ils ont fini. Ils remontent tous les trois avec les ânes vers le village. L'oncle Robert est devant sa porte.
« Salut, Robert ! Je t'apporte ton bois ! »
Bernard et Guy sont étonnés :
« Mais il est à qui, ce bois ?
— A moi, mes enfants ! C'est gentil d'avoir aidé Monsieur Nicolaï. Vraiment, vous avez eu une bonne idée, tous les deux... »
M. Nicolaï sourit.
Muriel, qui n'a rien entendu de cette conversation, sort de la cuisine et demande :
« Alors, qu'est-ce que vous avez fait ? On vous attend depuis une heure ! Vous avez apporté l'eau ?
— L'eau ??? Oh là, là ! on l'a oubliée ! »

(à suivre)

- possible (qu'on peut faire) ≠ ⬚im⬚ possible (qu'on **ne peut pas** faire).

Ici, ⬚im⬚ ou ⬚in⬚ + mot = contraire.

Tu connais déjà :

patience ≠ ⬚im⬚ patience.

Exemple : Muriel attend Guy et Bernard avec impatience.

connu ≠ ⬚in⬚ connu.

Exemple : Guy et Bernard ne connaissent pas M. Nicolaï : pour eux, c'est un **inconnu**.

- re-monter
  re-commencer
  re-voir

⬚re⬚ mis devant un verbe veut dire : faire quelque chose **une deuxième fois**.

Exemples :
Ils **remontent** vers le village : ils sont descendus et maintenant, ils montent encore une fois au village.
Les deux jeunes gens **recommencent** à travailler : ils se sont arrêtés, puis ils travaillent encore.

Tu connais aussi : relire, repartir, retrouver, revenir.

- **des mots nouveaux**

se disputer : Guy et Bernard ne sont pas d'accord : ils se disent des choses peu agréables.

tout à coup : C'était la dernière minute ; et, tout à coup, un joueur de Bruxelles a mis le ballon dans les buts.

• *Regarde aussi* 👉 1.2.2.

il faut savoir
SE DÉBROUILLER

leçon 8

4. Il est une heure et demie. Il fait beau. Ils veulent faire des sandwiches qu'ils iront manger au Luxembourg. Mais...

EPICERIE-PRIMEUR
HEURES D'OUVERTURE
8H30-13H30
16H30-19H30

5. Ils entrent dans une boulangerie...
— IL N'Y A PLUS DE PAIN ?
— EST-CE QU'IL Y A UNE AUTRE BOULANGERIE DANS LE QUARTIER ?
— À CETTE HEURE-CI, C'EST TARD !
PRIX DU PAIN

6. puis dans un café.
— LE SERVICE N'EST PAS COMPRIS ?

7. Ils font quelques courses
— QUELLE TAILLE VOULEZ-VOUS DU 36 ? DU 38 ?
— VOUS AVEZ DU 10 ?

8. et finissent leur journée au cinéma.
— DEUX PLACES ÉTUDIANTS, S'IL VOUS PLAÎT.
— VOUS AVEZ VOTRE CARTE ?
PRIX DES PLACES ÉTUDIANTS 13F

9. Le soir...
RÈGLEMENT
RECEPTION
FRANCE
— ON VOUDRAIT DEUX LITS S'IL VOUS PLAÎT.
— JE REGRETTE C'EST COMPLET
— VOUS SAVEZ, IL FAUT RÉSERVER
— VRAIMENT, IL Y A DES GENS QUI NE SAVENT PAS SE DÉBROUILLER.
TEL

47

savoir acheter...

Voici de l'argent français

Les pièces : Cinq centimes, Dix centimes, Vingt centimes, Cinquante centimes, Un franc, Cinq francs, Dix francs

Les billets : Dix francs, Cinquante francs, Cent francs, Cinq cents francs

N'oubliez pas !

Les banques ouvrent de 9 heures à 16 heures 30 tous les jours, sauf les samedis, dimanches et jours fériés. Si vous avez oublié, vous pouvez aller dans un aéroport ou une grande gare. Là, on peut changer de l'argent jusqu'à 23 heures. N'oubliez pas vos papiers (passeport ou carte d'identité).

En France, vous devez **toujours** avoir des **papiers d'identité** sur vous.

les jours fériés

En France, on ne travaille pas :
- les dimanches,
- le 1er janvier (ou jour de l'an)
- le lundi de Pâques
- le 1er mai (fête du Travail)
- le jeudi de l'Ascension (6e jeudi après Pâques)
- le lundi de Pentecôte (50 jours après Pâques)
- le 14 juillet
- le 15 août
- le 1er novembre (Toussaint)
- le 11 novembre
- le 25 décembre (Noël)

Voici un petit guide qui vous sera utile :

les pointures

françaises	anglaises	américaines
35	2 1/2-3	4 1/2-5
36	3-3 1/2	5-5 1/2
37	4-4 1/2	6-6 1/2
38	5-5 1/2	7-7 1/2
39	5 1/2-6	7 1/2-8
40	6 1/2-7	8 1/2-9
41	7-7 1/2	9-9 1/2
42	7 1/2-8	9 1/2-10
43	8 1/2-9	10 1/2-11
44	9 1/2	11
45	10 1/2	

les tailles

Femmes — Tailles

françaises	américaines	anglaises	centimètres
36	7	10	87-91
38	9	12	91-95
40	11	14	95-99
42	13	16	100-104
44	15	18	105-109

VOUS FAITES DU COMBIEN ?

Hommes — Tailles

françaises (cm)	anglaises (pouces)
91	36
96	38
102	40
106	42
112	44
116	46

savoir manger... 8

Les restaurants ne sont pas toujours très chers, mais il faut savoir choisir.

Regardez les clients : ils sont du quartier ? C'est bon signe. Pensez aussi aux restaurants chinois, tunisiens ou algériens qui sont souvent moins chers que les français.

Vous voulez manger pour moins de 10 F ?
Il n'y a pas seulement les sandwiches.
Vous préférerez peut-être :

- un croque-monsieur
- une crêpe
- une pizza
- des œufs
- une saucisse et des frites
- ou un gâteau

Puis prenez un café au comptoir : vous serez debout mais vous paierez moins cher.
Pour le prix d'un verre de coca-cola dans un café, vous en aurez 1 litre dans une épicerie ou dans un supermarché.

N'oubliez pas les marchés.

En France, il y en a dans toutes les villes, mais ils ouvrent seulement le matin.
Attention ! Beaucoup de magasins ferment entre 13 heures 30 et 16 heures 30 et ne sont pas ouverts le lundi.

Faut-il donner un pourboire ?

Regardez bien votre addition et demandez : est-ce que le service est compris ?

GARÇON ! L'ADDITION, S'IL VOUS PLAÎT !

10 à 15 %... si le service n'est pas compris

Si vous êtes contents, 3 F ou plus...

10 à 12 %

1 ou 2 francs

49

savoir se soigner...

Vous êtes malade?

- Vous avez trop chaud? Vous respirez mal? Vous vous êtes brûlé?
- Vous êtes tombé : vous avez cassé vos lunettes et vous vous êtes blessé?
- Vous avez mal aux yeux, à la tête, aux jambes, aux pieds?...

N'attendez pas!

- Si ce n'est pas trop important, allez dans une pharmacie : vous achèterez les médicaments qu'il vous faut.
- Si c'est plus important, allez à l'hôpital ou appelez un médecin : cherchez dans un annuaire du téléphone ou demandez l'adresse dans une pharmacie.
- Si c'est urgent et si vous ne savez pas à qui vous pouvez téléphoner, appelez la police (le 17) ou les pompiers (le 18). Vous pouvez aussi vous adresser à S.O.S. médecins (à Paris 325 12 10) qui vous enverra un docteur : c'est ouvert jour et nuit.

ALLÔ, DOCTEUR, VOUS POUVEZ VENIR? C'EST URGENT, ÇA NE VA PAS DU TOUT....

Attention

- N'oubliez pas de prendre de l'argent si vous allez chez un médecin, dans un hôpital ou à la pharmacie : en France, ce n'est pas gratuit. Mais vous pouvez être remboursé : renseignez-vous dans votre pays avant de partir.
- Si vous avez besoin d'un vaccin, adressez-vous à l'Institut Pasteur : c'est moins cher.

savoir s'informer... 8

Qu'est-ce qui se passe en France? Chez vous? Dans le monde? Pour connaître les nouvelles, regardez la télé (voir p. 78), lisez les journaux, écoutez la radio!

les journaux

En France, il y a beaucoup de journaux pour les jeunes (voir pp. 118-125), mais il y a aussi les grands quotidiens. Voici les plus importants.

Tous les matins, on peut acheter...

et tous les soirs...

Il y a aussi, si vous aimez le sport...

En province, il y a d'autres journaux qui donnent des renseignements sur la région : « La Dépêche du Midi » (Sud-Ouest), « Le Dauphiné Libéré » (Savoie), « L'Est Républicain » (Est), « La Montagne » (Auvergne), « Nice-Matin » (Côte d'Azur et Corse), « Ouest-France » (Bretagne et Normandie), « Le Progrès » (région de Lyon), « Le Provençal » (région de Marseille), « La Voix du Nord » (Nord), etc.

Enfin, toutes les semaines, il y a des magazines : « Elle », « Le Nouvel Observateur », « L'Express », « Le Point », « Paris-Match », etc.

la radio

• Si vous voulez de la musique, des informations, des jeux, choisissez « France-Inter », « Radio-Luxembourg », « Radio Monte-Carlo » ou « Europe n° 1 ».

• Si vous préférez la musique classique et les émissions plus sérieuses, écoutez « France-Musique » ou « France-Culture ».

N.B. En été, les radios françaises donnent des informations en langue anglaise et en langue allemande.

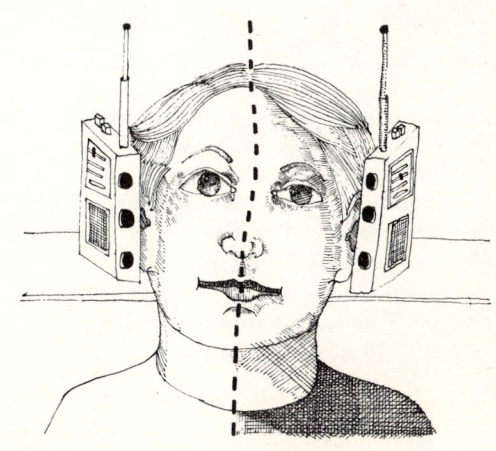

51

C'ETAIT EN 1789...

1 Le roi de France s'appelait Louis XVI. Il habitait au château de Versailles avec sa Cour : 17 000 personnes, cela coûtait très cher. Il était très puissant. Il pouvait mettre en prison les gens qu'il n'aimait pas. La grande prison de Paris s'appelait la Bastille.

2 En 1789, les Français n'avaient pas tous les mêmes droits. Les nobles et les hommes d'église ne payaient pas beaucoup d'impôt mais ils avaient peur : ils ne voulaient pas perdre leurs droits et ils voulaient un roi moins puissant.

3 Les plus pauvres qui étaient aussi les plus nombreux avaient seulement le droit de payer des impôts. La vie des ouvriers, des marchands et des paysans était difficile. Il fallait travailler beaucoup pour gagner peu. Le pain coûtait 7 sous le kilo, un ouvrier gagnait 20 sous par jour.

4 Les Français voulaient un pays plus juste, moins pauvre : des impôts pour tout le monde, et plus d'argent pour le pays. Mais le gouvernement était moins fort que les nobles. Et la vie était tous les jours plus chère, plus difficile. Depuis août 1788, Necker était ministre. Le peuple aimait bien Necker...

LE 14 JUILLET

leçon 9

MAI 1789 :
Le roi a appelé une grande assemblée. Dans cette assemblée, pour la première fois, le peuple était le plus fort et il voulait changer beaucoup de choses. Le roi n'était pas très content...

JUIN 1789...
Le roi a quitté Paris !
— Il a fait ça ?
— Oui, il est rentré à Versailles.
— Avec 20 000 soldats étrangers.
— Il n'a pas compris, nous voulions seulement du pain et du travail.

LE 11 JUILLET...
Le roi a remplacé Necker...
— Quoi ?
— Il n'y a plus d'assemblée !
— Vous ne saviez pas ?

LE 13...
Les soldats sont arrivés aux portes de Paris. Il faut faire quelque chose.

LE 14 JUILLET, les Parisiens cherchaient des armes.
Nous sommes allés aux Invalides...
— Tous à la Bastille !

LA RÉVOLUTION A COMMENCÉ...

Un village qui meurt

Comme beaucoup de villages français, Champagnac, aujourd'hui, a beaucoup moins d'habitants qu'il y a quinze ans. Les journalistes de la télévision sont venus : ils veulent voir, écouter, comprendre.

Ma femme et moi, nous travaillions à l'usine à 20 km. Ils ont fermé le mois dernier. Qu'est-ce qu'on va faire ?

Albert (27 ans)

Je suis l'instituteur du village. Il y a dix ans, j'avais vingt élèves. Cette année, j'en ai six. L'an prochain, on va fermer l'école.

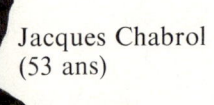

Jacques Chabrol (53 ans)

Avant, il y avait souvent des bals et une grande fête le 14 juillet. Aujourd'hui, il n'y a plus rien.

Louise Barrel (40 ans)

Je n'allais jamais au cinéma, je n'allais jamais dans les magasins. Mais, maintenant, j'habite la ville, chez ma sœur. Je reviens seulement ici pour les vacances.

Odile (14 ans)

Moi, je suis revenu au village. L'an dernier, j'étais au collège, mais je n'aimais pas la ville. Ici, la vie est plus agréable : je travaille avec mon père.

Michel (17 ans)

des mots pour le dire

savoir parler du passé...
c'était à la leçon 3...

ils parlaient...   ils riaient...   il a cassé le verre !

c'était en 1789...

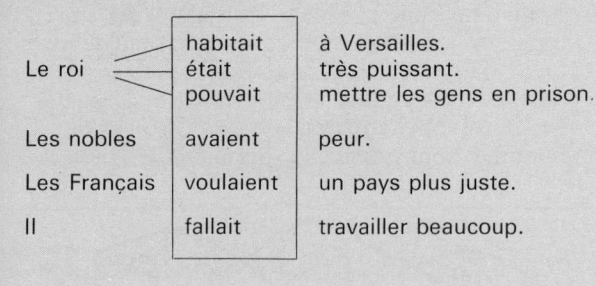

Le roi	habitait	à Versailles.
	était	très puissant.
	pouvait	mettre les gens en prison.
Les nobles	avaient	peur.
Les Français	voulaient	un pays plus juste.
Il	fallait	travailler beaucoup.

Le 14 juillet, le peuple de Paris a pris la Bastille.

avant...

Avant/Autrefois,	j'		ais	
L'année dernière,	tu		ais	
Il y a six mois, longtemps,	il	all-	ait	au bal.
	nous		ions	
	vous		iez	
Quand il y avait une fête,	ils		aient	

...et du présent...

| Maintenant, Aujourd'hui, Cette année, | il | n' | y a | pas plus jamais | de bal |
| | | | | (plus/jamais) rien | |

• Regarde aussi 2.1. et 5.

Le Champ de Mars

L'an dernier, Parpazan* était encore un petit village tranquille des Pyrénées. Pendant la semaine, les paysans travaillaient dans leurs champs, mais, le dimanche, ils venaient tous sur la place de l'église, et dans les cafés, on parlait, on jouait aux cartes, on buvait un peu...

Un dimanche, à midi, on a entendu un grand bruit dans tout le village. En levant les yeux, on a vu un objet bizarre qui tournait lentement dans le ciel : il a fait quelques cercles, puis est descendu et s'est arrêté sur la place. La porte de l'appareil s'est ouverte et deux hommes sont sortis. Ils portaient les mêmes

*Parpazan est un petit village **tranquille** des Pyrénées. Il y a seulement 300 habitants à Parpazan.

- **attention, il y a carte et carte !**

Tu connais déjà :

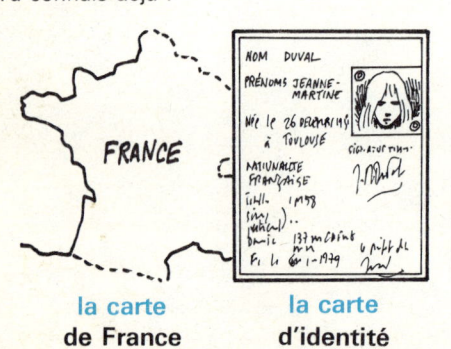

et voici :

la carte **de France**

la carte **d'identité**

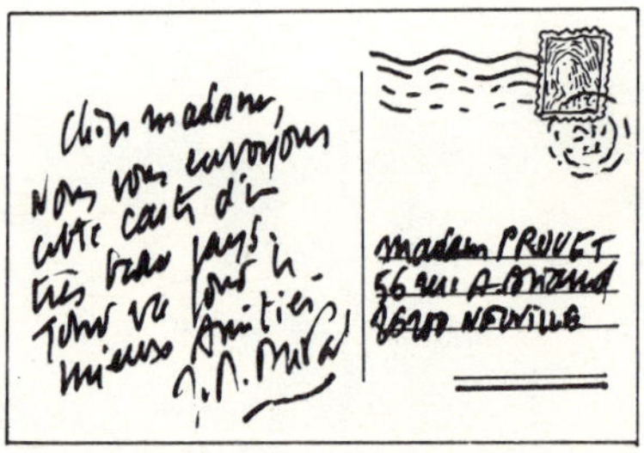

la carte **postale**

des cartes **à jouer**

habits : un pantalon noir et une chemise rouge, mais ils avaient les cheveux bleus et très courts ! Les habitants ont été très étonnés : des Martiens chez eux ? Mais ce n'étaient pas des petits hommes verts. Alors, les Parpazannais sont allés vers eux et ont essayé de les toucher. Les voyageurs ont commencé à parler dans une langue que personne ne connaissait, puis tout à coup, ils sont remontés dans leur appareil et on ne les a plus revus.

Les Parpazannais ont alors annoncé la nouvelle à tout le monde. Le lendemain, les journaux en ont parlé. Pour les uns, c'étaient des ennemis qui voulaient attaquer la Terre : ils allaient bientôt revenir avec des soldats. Pour d'autres, ce n'étaient pas des Martiens, mais des astronautes étrangers. D'autres, enfin, ne croyaient pas du tout à cette histoire et disaient que les Parpazannais buvaient un peu trop !

Depuis ce jour, Parpazan est très connu : des touristes sont venus de toutes les régions du pays ; il y a eu aussi beaucoup de journalistes, la radio, la télévision : ils ont posé des questions aux habitants qui ont tous donné des réponses différentes. Aujourd'hui, les commerçants sont très contents : ils n'ont jamais eu autant de clients. Tout le monde veut acheter des dessins, des photos, des souvenirs; il y a aussi des gens qui veulent avoir les cheveux bleus ! C'est un succès extraordinaire. On va organiser à Parpazan – en mars prochain, bien sûr – un festival international de science-fiction. Ce jour-là, la petite place du village changera de nom : elle s'appellera « Le Champ de Mars ». Le maire vient de donner la nouvelle. Il voudrait bien inviter les Martiens à cette manifestation, mais il ne sait pas encore où il doit envoyer son invitation...

LENTEMENT

d'un mot à un autre

lent (masculin) → lente (féminin)

lente + **ment** (lentement)

- *Regarde aussi* 1.2.1.

Cet omnibus est **lent**
Elle parle d'une voix **lente**.
Le camion va **lentement**.

(voir aussi : doux → douce → doucement)

des mots nouveaux

Les voleurs **attaquent** la banque.

Armstrong est un **astronaute** très connu : c'est le premier homme qui a marché sur la lune.

un **cercle**

le champ : la terre du paysan.

Exemple : L'oncle Robert travaille dans son champ.

les champs : la campagne.

Exemple : La route passe à travers les champs.

57

MILLE ET UNE QUESTIONS

leçon 10

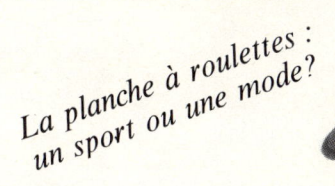

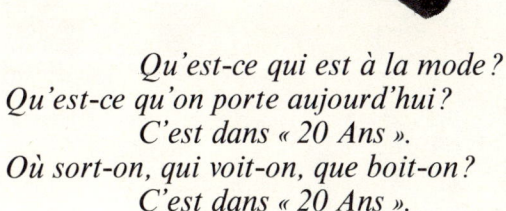

La planche à roulettes :
un sport ou une mode ?

Qu'est-ce qui est à la mode ?
Qu'est-ce qu'on porte aujourd'hui ?
C'est dans « 20 Ans ».
Où sort-on, qui voit-on, que boit-on ?
C'est dans « 20 Ans ».

SI CE N'EST PAS A LA MODE, CE N'EST PAS DANS « 20 ANS »

BSM WORKSHOP

UN MÉTIER : POSER DES QUESTIONS

Jérôme et Sylvie
ont trouvé un travail.
Ils vont chez les gens
et posent
des questions.

« Aime-t-on la purée toute faite, et pourquoi ? Parce qu'elle est légère ? Parce qu'elle est facile à faire ? Trouve-t-on vraiment que les voitures d'enfants sont chères ? Comment votera la Française ? Aime-t-on le fromage en tube ?... A quoi fait-on d'abord attention en mangeant un yaourt ? à la couleur ? au goût ? Lisez-vous beaucoup, un peu, pas du tout ? Allez-vous au restaurant ? Que pense la jeunesse ? Que pensez-vous des vacances ? Où passez-vous vos vacances ? Combien pensez-vous que ça coûte ?... Pouvez-vous me dire comment est un homme qui aime les pâtes ? Que pensez-vous de votre machine à laver ? Est-ce qu'elle lave bien ? Est-ce qu'elle déchire le linge ? »... Le linge, le gaz, l'électricité, le téléphone, les enfants. Les vêtements et les sous-vêtements, la cheveux, les machines à écrire, les cadeaux, la politique, les fromages... ils découvraient le monde.

D'après G. Perec,
Les Choses, Julliard, 1965.

59

Le Tour de France

NOS QUESTIONS À UN CHAMPION

1. Où êtes-vous né?
2. Où habitez-vous?
3. Êtes-vous souvent chez vous?
4. Êtes-vous marié?
5. Qui écoutez-vous le plus, votre femme ou votre entraîneur?
6. Depuis quand faites-vous du cyclisme?
7. Combien de fois avez-vous gagné le Tour de France?
8. Quelles sont les étapes les plus difficiles?
9. Peut-on gagner beaucoup d'argent en faisant du cyclisme?

Ce champion a une belle maison, mais il n'est pas souvent chez lui.

des mots pour le dire

Sais-tu poser une question?

Tu entends et tu dis souvent

Tu lis et tu écris

Quand tu attends la réponse
OUI ou NON

Est-ce que / Est-ce qu'	C'est vraiment bon?	Est-ce vraiment bon?
	c'est vraiment bon?	
	elle déchire le linge?	Déchire-t-elle le linge?

On répond **oui, non** ou... **je ne sais pas!**

| Est-ce que | vous ne trouvez pas que les voitures sont chères? | Ne trouvez-vous pas que les voitures sont chères? |

On répond **si, non** ou... **je n'en sais rien!**

Quand tu veux savoir...
pourquoi, combien, comment, où, quand, qui, quoi, à qui, à quoi

Pourquoi tu (ne) réponds pas?	*Pourquoi* est-ce que tu ne réponds pas?	*Pourquoi* ne réponds-tu pas?
Ça coûte *combien*?	*Combien* est-ce que ça coûte?	*Combien* cela coûte-t-il?
		Combien de fois avez-vous gagné?
La Française votera *comment*?	*Comment* est-ce que la Française votera?	*Comment* votera la Française?
		Comment votera-t-elle?
Tu l'as acheté *où*?	*Où* est-ce que tu l'as acheté?	*Où* l'as-tu acheté?
Ça vient *d'où*?	*D'où* est-ce que ça vient?	*D'où* cela vient-il?
Tu viens *quand*?	*Quand* est-ce que tu viens?	*Quand* viens-tu?
Vous faites du cyclisme *depuis quand*?	*Depuis quand* est-ce que vous faites du cyclisme?	*Depuis quand* faites-vous du cyclisme?
	Qui est-ce qui t'a vendu ça?	*Qui* t'a vendu ça?
	Qui est-ce que vous écoutez?	*Qui* écoutez-vous?
	Qu' est-ce que vous en pensez?	*Qu'*en pensez-vous?
Le plus difficile, c'est *quoi*?	*Qu'* est-ce qui est le plus difficile?	*Quelles* sont (les étapes) les plus difficiles?
Tu penses à *qui? / quoi?*	A *qui / quoi* est-ce que tu penses?	A *qui / quoi* penses-tu?

Regarde aussi 2.1. et 2.2.

61

Les douze coups de minuit

Au numéro 10 de la rue Necker, il y a un petit immeuble très tranquille, mais ce matin, la gardienne, Mme Roz, a trouvé la porte de Mlle Vigneau ouverte. Elle est entrée et a vu la vieille femme qui pleurait; on lui a volé son argent pendant la nuit. Elle a vite téléphoné à la police.

Une demi-heure après, l'inspecteur Dupin arrive; il commence à interroger Mlle Vigneau, mais elle n'a rien vu, rien entendu : elle dormait. L'inspecteur pose alors des questions à la gardienne :
« Qu'avez-vous fait hier soir, madame Roz?
— J'ai mangé, j'ai regardé la télévision et c'est tout : je suis allée me coucher.
— A quelle heure?
— Je ne sais pas... Si, après le film, vers 11 heures.
— Avez-vous vu ou entendu quelqu'un entrer dans la maison?
— Euh... oui, monsieur Moreau.
— Monsieur Moreau?
— Oui, c'est le jeune homme qui habite au troisième.
— Qui d'autre habite dans la maison?
— Madame Leblanc au premier, à côté de chez mademoiselle Vigneau; monsieur Gros, ici au rez-de-chaussée, mais il est malade, il ne sort jamais de chez lui, et au-dessus, au deuxième, ce sont des bureaux. »
L'inspecteur monte au premier. Mme Leblanc est devant sa porte, elle l'appelle.
« Alors, monsieur l'inspecteur, vous allez arrêter le voleur?

- **attention ! il y a vol et vol**

— **On** lui **vole** son argent.

— Il y a eu un **vol** chez Mlle Vigneau : on a volé Mlle Vigneau.

— Cet avion **vole** vite.

— C'est le **vol** Air France 094 Santiago du Chili-Paris.

- **un petit mot qui change tout : SE**

L'inspecteur a arrêté le voleur.

L'avion de Santiago s'est arrêté à l'aéroport de Dakar.

La police **a** arrêt**é** le voleur.
Les policiers **ont** arrêt**é** le voleur.
$$\text{avoir} + \underline{\quad} \text{é}$$

La voiture **s'est** arrêtée.
Ils **se sont** arrêtés dans un petit village.

$$\text{se} + \text{être} + \underline{\quad} \begin{array}{l}\text{é(e)}\\\text{é(e)s}\end{array}$$

• Regarde aussi 1.1. et 5.

10

— Oui, mais comment savez-vous...
— J'ai peur, monsieur l'inspecteur. Hier, je me suis couchée tôt. Tout à coup j'ai entendu du bruit et je me suis levée. C'était minuit : j'ai entendu sonner les douze coups. J'ai peur, monsieur l'inspecteur, j'ai peur... »
L'inspecteur Dupin laisse Mme Leblanc et va sonner au troisième étage. M. Moreau lui ouvre la porte :
« Qu'est-ce que c'est ? Excusez-moi, mais je suis en retard.
— Inspecteur Dupin.
— Un inspecteur de Police ?
— Oui, quelqu'un a volé Mlle Vigneau cette nuit.

— Ah, la vieille du premier ? Cette femme qui parle toujours à ses chats, ses chiens, ses oiseaux, ses poissons. Tous ces animaux...
— Bon, qu'avez-vous fait hier soir ?
— Je suis allé chez des amis, place Victor Hugo, et après, je suis rentré et je me suis couché, je viens de me lever et je suis en retard... »
L'inspecteur voit une valise sur le lit.
« Où allez-vous, monsieur Moreau ?
— Je pars en vacances, en Italie, comme tous les étés.
— Non, vous restez ici.
— Mais, ce n'est pas possible, Monsieur ! »
L'inspecteur Dupin sort de chez M. Moreau. La gardienne l'attend.
« Est-ce que je peux sortir, monsieur l'inspecteur ? C'est pour l'appareil de madame Leblanc : elle me l'a donné hier et j'ai oublié de lui acheter ses piles.
— L'appareil de madame Leblanc ?
— Oh oui, sans son appareil, elle n'entend rien. Vous voulez voir M. Gros maintenant ?
— Non, merci madame Roz, je crois que j'ai trouvé le voleur. »

Bravo, monsieur l'inspecteur !
Et vous, avez-vous la solution ?

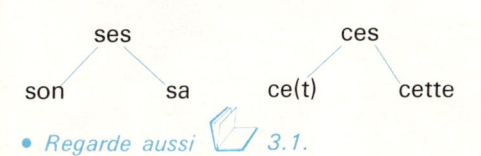

- **attention ! SES ≠ CES**

  ses : son, sa
  ces : ce(t), cette

- **Regarde aussi** 👉 3.1.

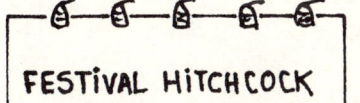

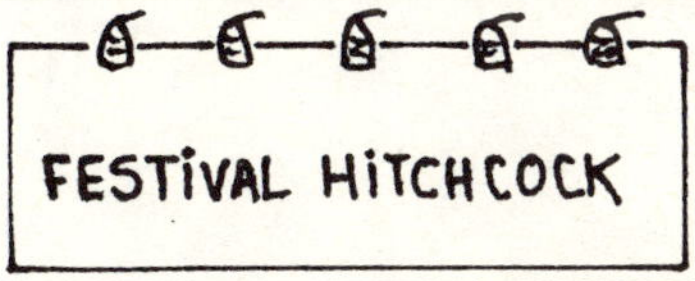

FESTIVAL HITCHCOCK	 LE COLT D'OR WESTERN
J'aime les films de Hitchcock **ses** films	Je n'aime pas **ces** films-là.

- **des mots nouveaux**

Elle **se couche** tôt.   Il **se lève** tard.   Il est **en retard**.    Mlle Vigneau est triste. Elle **pleure** parce qu'on lui a volé son argent.

se coucher ≠ se lever
tôt ≠ tard

ET VOUS...

1_ le dernier film

QU'EST-CE QUE TU EN PENSES??

DONNE-MOI TON AVIS!!

C'EST COMMENT??

ES-TU POUR OU CONTRE?

2_ la télévision

C'ÉTAIT FORMIDABLE! ÇA M'A BEAUCOUP PLU!!

HEIN!? J'AI TROUVÉ ÇA AFFREUX!!

C'EST VRAI! MOI, JE ME SUIS ENNUYÉE!...

JE PENSE QU'IL NE FAUT PAS TOUT REGARDER

J'AIME BIEN. IL Y A BEAUCOUP D'ÉMISSIONS INTÉRESSANTES.

MOI, J'AI HORREUR DE ÇA. AVEC LA TÉLÉVISION, ON NE PARLE PLUS..

QU'EN PENSEZ-VOUS?

leçon 11

3 _ le mariage

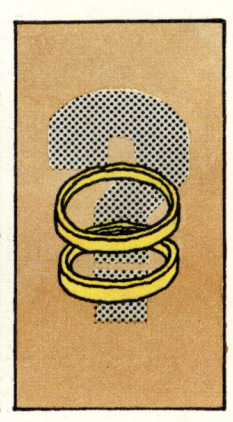

— BIEN SÛR, JE SUIS POUR LE MARIAGE, LA FAMILLE.
— EH BIEN, PAS MOI, JE PRÉFÈRE ÊTRE LIBRE

4 _ le service militaire

— JE TROUVE ÇA INUTILE.
— TU AS RAISON, ON PERD SON TEMPS PENDANT 12 MOIS
— JE NE SUIS PAS DU TOUT D'ACCORD AVEC VOUS.

5 _ la vie à la campagne ou à la ville

— MOI, J'ADORE LA CAMPAGNE, LES ANIMAUX, LES PLANTES...
— À MON AVIS, IL Y A PLUS DE CHOSES À FAIRE DANS UNE VILLE

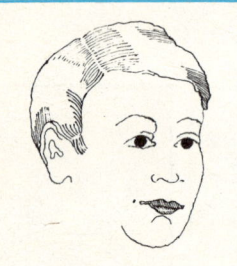

Qui sont les jeunes Français ?

SONDAGE 13-18 ANS

ILS AIMENT L'EDUCATION PHYSIQUE... ET L'AMERIQUE !

1. Êtes-vous content des études que vous faites ?

content 66 %
pas content 34 %

2. Combien de temps travaillez-vous par semaine à la maison ?

0 à 5 heures 24 %
5 à 10 heures 36 %
10 à 20 heures 29 %
plus de 20 heures 11 %

3. Quelle est votre matière préférée ?

Éducation physique 15 %
Maths 14 %
Français 14 %
Langues 13 %
Sciences 7 %
Histoire 6 %
Autres matières 12 %
Sans réponse 19 %

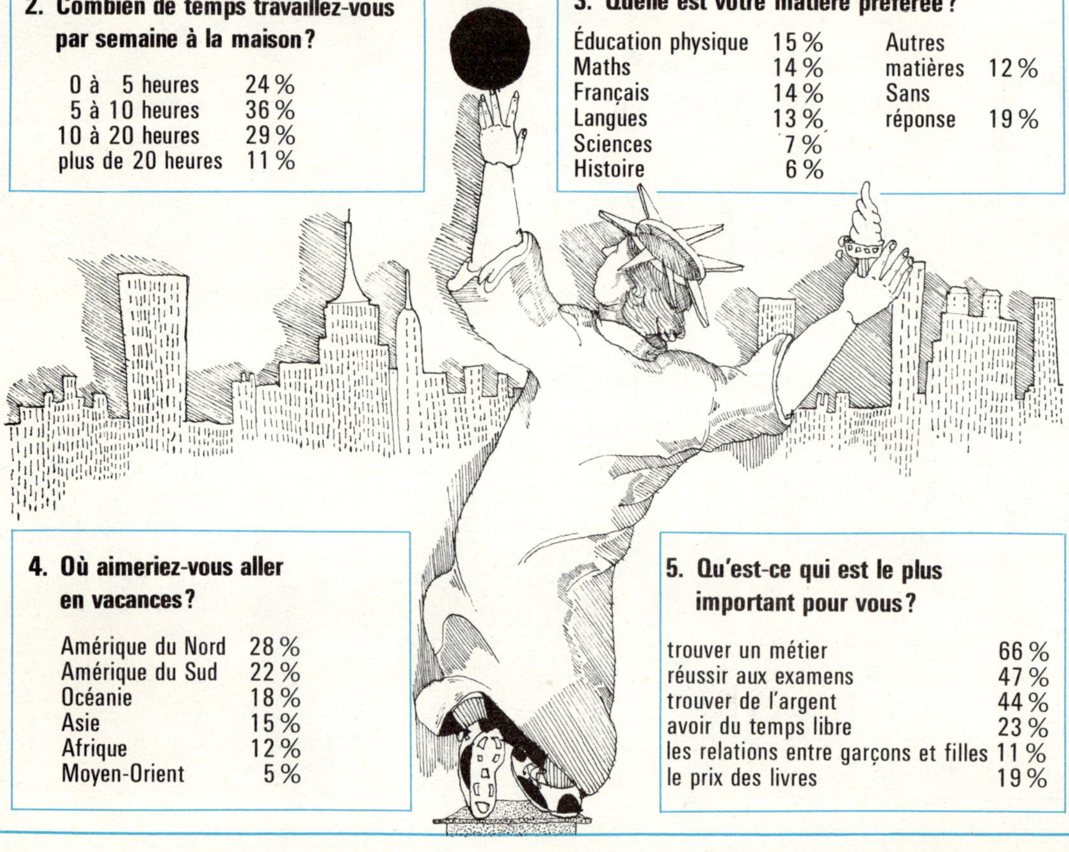

4. Où aimeriez-vous aller en vacances ?

Amérique du Nord 28 %
Amérique du Sud 22 %
Océanie 18 %
Asie 15 %
Afrique 12 %
Moyen-Orient 5 %

5. Qu'est-ce qui est le plus important pour vous ?

trouver un métier 66 %
réussir aux examens 47 %
trouver de l'argent 44 %
avoir du temps libre 23 %
les relations entre garçons et filles 11 %
le prix des livres 19 %

des mots pour le dire

demander une opinion   donner son opinion

— Es-tu **pour ou contre** ?
— Donne-moi ton avis.
— Qu'est-ce que tu en penses ?

Je suis pour
D'accord.
Je suis assez pour.
(Je suis) tout à fait d'accord.
Je suis tout à fait pour.

Je suis contre
Pas d'accord.
Je suis assez contre.
(Je ne suis) pas du tout d'accord.
Je suis tout à fait contre.
Alors, là, non !

— **Tu aimes** la vie à la campagne ?

J'aime...
J'aime assez...
J'aime bien/beaucoup...
J'adore...

Je n'aime pas...
Je n'aime pas beaucoup...
Je n'aime vraiment pas...
Je n'aime pas du tout.

— **Comment** as-tu trouvé le film ?

| J'ai trouvé | ça | intéressant. |

Ça m'a (beaucoup) plu.
(C'est) formidable !

Je me suis (un peu/beaucoup) ennuyé(e).

| J'ai trouvé | ça | affreux. |

J'ai horreur de ça.

— Qu'est-ce que **tu préfères** ?

J'aime mieux...
Je préfère rester à la maison...
Je préfère les maths à l'histoire.

Je n'ai pas d'opinion
Je ne sais pas.
Cela m'est égal.

— **A ton avis**, le mariage est-il une bonne chose ?
— **Et toi**, qu'en penses-tu ?

A mon avis,			
Moi aussi,	je	pense crois trouve	que
			c'est important.
Moi non plus,	je ne	pense crois trouve	pas que

• *Regarde aussi* 2.1 - 3.4.

67

Journal de Daniel   (Cinq fois cinq - III)

• **les repas**

Catherine prépare le repas :
elle fait à manger.
Quand elle a fini,
on passe à table :
on s'asseoit pour manger

Les Français font trois **repas** par jour :
— le matin, le **petit déjeuner**
— vers midi, le **déjeuner**
— le soir (vers 20 heures), le **dîner**.

Muriel aime bien manger : elle est **gourmande** !
Les gourmands adorent les choses **sucrées** :
les **biscuits**, les **tartes**, le **chocolat**, les **bonbons**, etc.

J'aime tous les **gâteaux,** mais je préfère
ceux { qui sont au chocolat.
(= les gâteaux) { que tu fais.

Le **gâteau** de Bernard est
moins beau que
celui de Daniel.

CE(T) + nom masc.	→ CELUI-CI
CETTE + nom fém.	→ CELLE-CI
CES = nom pluriel	→ CEUX-CI (masc. plur.)
	→ CELLES-CI (fém. plur.)

• *Regarde aussi* 3.1 et 3.4

68

Lundi 20 août...

Hier, c'était l'anniversaire de Muriel : elle a eu 16 ans. Comme tous les jours, elle s'est levée tôt et elle est partie, avec Catherine, se promener dans la forêt. Nous, les garçons, on a préféré rester à la maison. J'ai pris un livre et j'ai commencé à lire. Tout à coup, Guy, qui a toujours beaucoup d'idées, a appelé Bernard : il voulait faire un gâteau pour l'anniversaire de Muriel.

Ils ont cherché une recette dans un livre de cuisine. Bien sûr, ils n'étaient pas d'accord tous les deux : ce gâteau était bon, mais il était trop difficile à faire; celui-ci demandait trop de temps. Bernard avait horreur des tartes et Guy adorait « les trucs avec du chocolat ». Enfin, ils ont décidé de faire un biscuit de Savoie. Ils ont pris du lait, de la farine, du beurre mais... il n'y avait pas de sucre à la maison ! Ils m'ont demandé d'aller en acheter.

Je savais bien qu'ils perdaient leur temps, mais je n'ai rien dit. J'ai pris la moto de l'oncle Robert et je suis allé au village, j'ai acheté le sucre... et un beau gâteau !

Quand je suis rentré, j'ai entendu Bernard et Guy qui se disputaient. Il y avait une odeur de brûlé dans la maison.

A midi, Catherine est revenue seule, elle a préparé le repas. L'oncle Robert est rentré un peu après, puis Muriel.

On est passé à table et on a commencé à manger. A la fin du repas, Guy et Bernard ont apporté leur gâteau : il n'était pas très beau, il était trop cuit, mais Muriel était contente.

Elle les a embrassés. J'ai dit que si elle le trouvait trop petit, elle pouvait en avoir un autre et je lui ai donné mon gâteau.

L'oncle Robert et Catherine n'ont pas eu l'air content. Ils ne disaient rien. Eux aussi, ils avaient une surprise pour Muriel : un gâteau !

« Quatre gâteaux pour moi ! a dit Muriel. C'est formidable ! Vous savez que je suis gourmande... »

Tout le monde a ri.

C'était extraordinaire : 4 personnes, 4 gâteaux. 4 fois 4 : 16 !

On n'oubliera pas les 16 ans de Muriel...

(à suivre)

« C'est terrible : je ne peux jamais avoir un café bien sucré. Il y a toujours trop ou pas assez de sucre.
— Pourquoi ?
— Eh bien, voilà : quand je prends mon café à la maison, je mets seulement un morceau, parce que, tu sais, le sucre, ça coûte cher. Et quand je suis chez des amis, j'en mets quatre morceaux.
— Et alors ?
— C'est avec deux morceaux que je l'aime ! »

• **des mots nouveaux**

sucrer (= mettre du sucre)

saler (= mettre du sel).

• *Regarde aussi* 1.2.1.

à Saint Malo... de Delft

BRETAGNE — Saint-Malo
Delft — PAYS-BAS

Les élèves du collège de Delft veulent aller en France. Mais où et quand ? En classe, on n'est pas d'accord : à Paris ? en province ? à la mer ? à la montagne ? Et puis, il faut de l'argent...

AVANT

IL FAUT PENSER À TOUT !

1 - Quand voulez-vous partir ?
2 - Où voulez-vous aller ?
3 - Combien de temps avez-vous ?
4 - Où habiterez-vous ?
5 - Où mangerez-vous ?
6 - Que voulez-vous faire ?
7 - Avez-vous de l'argent ? un peu ? beaucoup ?
8 - Devrez-vous travailler ?
9 - Que savez-vous faire ?
10 - Avez-vous des adresses ?

Pour travailler dans un chantier de travail, il faut avoir plus de 14 ans et moins de 30 ans. C'est peut-être une solution pour vos élèves.

Louis Ricardou
Directeur

Nous ne pouvons pas vous recevoir avant le 17 juillet. Mais à partir de cette date, c'est possible.
Vous pourrez prendre vos repas au lycée Jean Moulin. Prix par jour : 25 F (sans les repas)

Sentiments distingués

Paul Darmois

ARRIVERONS AVEC CINQ PERSONNES EN PLUS : TROIS FILLES, DEUX GARCONS -STOP- ATTENDONS RÉPONSE. DE VRIES

BIEN REÇU VOTRE LETTRE URGENT DIRE COMBIEN DE FILLES ET DE GARCONS.
ACCUEIL DES JEUNES EN FRANCE.

Ça y est !
Les élèves du collège de Delft iront cet été en France.
Cela n'a pas été trop difficile.
Ils ont choisi Saint-Malo, en Bretagne.
Attention au départ !

DE DELFT À SAINT-MALO... LA DIGUE, LA DIGUE... DE DELFT À SAINT-MALO... LA DIGUE LÀ-HAUT.

leçon **12**

PENDANT

HA, LEKKER NIETS DOEN!

CET APRÈS-MIDI, NOUS VISITERONS...

OUI, MONSIEUR.

VIENS ICI!

APRÈS

ALORS, ÇA C'EST BIEN PASSÉ À SAINT-MALO?

OH! OUI, MONSIEUR, OUI, MONSIEUR!

Le professeur : Qu'est-ce que vous avez vu?
Mieke : Euh... je ne sais plus.
Kees : Il y a du soleil.
Le professeur : Vous voulez dire : il y avait du soleil. Vous êtes allés au théâtre?
Wim : Ah! non, on est... on est... allé à la discothèque.
Le professeur : Eh bien! Votre français...

*Chère Joëlle,
Je suis revenue à Delft. Je te remercie encore pour les belles journées passées à St Malo. Remercie aussi tes parents qui m'ont fait voir beaucoup de jolies choses et qui m'ont fait parler français. Je t'embrasse.
Els.*

SALUT, ALAIN!

SALUT, LUDO!

Alain : Tu es bien arrivé?
Ludo : Oui, très bien. Et toi, comment ça va?
Alain : Mal! Il pleut tout le temps depuis ton départ.
Ludo : Viens à Delft. Il y a du soleil. On t'attend.
Alain : A Noël, c'est promis. Et bravo pour ton français!

la Bretagne

C'est la mer...
- bateau
- pêche

...et la terre !
- promenade en voiture à cheval
- château
- église
- calvaire
- paysage
- festival de musique
- festival de danse
- chantiers de travail

le secret d'un voyage en France   12

Le secret du bonheur ?

Ne faites pas comme eux :
c'est le secret d'un bon voyage en France.

- **Regardez,** regardez tout.
- **Écoutez** et lisez beaucoup.
- **Parlez** et participez à la vie des Français.

Regardez

Des monuments très visités
— dans la région parisienne
- la Tour Eiffel
- le Centre Beaubourg
- le musée du Louvre
- l'Arc de Triomphe de l'Étoile
- le château de Versailles
— en province
- le château de Chambord
- le Palais des Papes à Avignon
- les caves de Roquefort
- la Maison carrée à Nîmes

Partout en France, il y a quelque chose à voir.

Écoutez

- la radio, la télévision (voir p. 51);
- les Français : au marché, au café, au stade;
- une pièce de théâtre à Avignon.

Parlez et participez...

— aux **fêtes** de la région avec vos amis français. Pendant l'été, il y a toujours une fête, pas très loin, le samedi et le dimanche.

— à un **chantier de travail,** si vous avez plus de 14 ans. Vous pourrez faire, par exemple, les vendanges, une route dans la montagne; ou encore réparer les murs d'une vieille église. On vous donnera un lit, on vous donnera à manger et, bien sûr, vous rencontrerez des jeunes.

Ouvrez

le journal de la région et cherchez les nouvelles qui vous intéressent.

LE PROVENÇAL

73

Guide pratique

VOUS ÊTES SEUL ?

VOUS ÊTES EN GROUPE ?

Si vous voulez aller en France **seul**, regardez d'abord à :
- **auberge de jeunesse,**
- **camping,**
- **correspondant,**
- **famille,**
- **hôte payant,**
- **(au) pair.**

Si vous voulez aller en France **en groupe**, regardez d'abord à :
- **échange,**
- **groupe,**
- **jumelée.**

ON VOUDRAIT DEUX LITS, S'IL VOUS PLAÎT.

auberge de jeunesse : Il y a 200 auberges de jeunesse en France, dans les villes, à la montagne, au bord de la mer. Dans ces « hôtels », les jeunes peuvent passer la nuit et préparer un repas... mais c'est beaucoup moins cher que dans les autres hôtels; et vous rencontrerez des jeunes, français et étrangers.

auto-stop : Voir page 25.

camping : Seul ou avec des amis, sous la tente ou dans une caravane, tu peux passer des vacances... sans aller à l'hôtel. Mais attention ! Il faut s'arrêter dans un terrain de camping et il y a souvent beaucoup de monde en été.

chantiers de travail : Voir pages 70, 72 et 73.

colonie de vacances : En été, dans beaucoup de villages, il y a des colonies de vacances. Ce sont des groupes de jeunes qui passent des vacances agréables. Il y a avec eux des moniteurs. Si vous avez un ami français, vous pourrez peut-être aller avec lui « en colonie ».

correspondant : Vous écrivez à votre correspondant français et il vous écrit. Il peut aussi vous inviter chez lui, pendant les vacances. Ou c'est vous qui l'inviterez. Ça s'appelle un échange.

12

échange : Il y a des échanges de groupes : entre les élèves de votre collège et ceux d'un collège français, entre votre ville et une ville française, etc. (voir : jumelées).
Il y a aussi des échanges entre personnes (voir : correspondant).

famille : Oui, vous pouvez passer des vacances dans une famille française :
a) si vous êtes le correspondant d'un enfant de la famille française;
b) si vous êtes hôte payant;
c) si vous êtes, dans cette famille, une jeune fille au pair.

groupe : Vous pouvez venir en groupe avec des amis; mais essayez de rencontrer des Français.

hôte payant : Une famille française peut recevoir un jeune étranger mais il faut payer.

jumelées (villes) : Les habitants de Dinan reçoivent les habitants de Lugo (d'Exmouth ou de Dinant); et ils vont ensuite à Lugo (Exmouth ou Dinant).

(au) pair : Une jeune fille (de 18 à 30 ans) peut travailler au pair dans une famille (5 heures par jour, six jours par semaine) pour garder les enfants, aider dans la maison. Elle a une chambre, elle mange avec la famille et elle reçoit un peu d'argent.

Syndicat d'initiative : Il y en a dans toutes les villes. Il vous renseigne sur la région (hôtels, sports, spectacles, monuments). Et c'est gratuit.

vélo : Si vous n'en avez pas, vous pouvez en louer un. Voir page 24.

vendanges : En septembre, en France, vous pouvez faire les vendanges. Il faut couper les raisins. C'est simple, on rit beaucoup, on parle beaucoup, mais le soir, on est très fatigué.

Bonnes vacances!

LES JEUNES REPONDENT

Je voudrais avoir les cheveux longs, mais ça ne va pas vite. J'attends depuis deux ans.
Pourrais-tu me donner un conseil ?
Merci d'avan...

Dominique

J'ai aussi un petit frère qui a 8 ans. Mes parents parlent de lui du matin au soir. On croirait que Pierre et moi, nous ne sommes pas là. Il faut se taire et l'écouter. Il faut tout bien. Et bien sûr, s'il travaille mal, c'est parce que ses professeurs ne sont pas bons. J'en ai assez, j'ai envie de partir loin, très loin... À ma place, que feriez-vous ?

Hélène

MA SŒUR ET MOI, NOUS VOUDRIONS FAIRE DU DELTAPLANE. NOUS SERONS EN SAVOIE CET ÉTÉ...

J'ai 15 ans et je suis en troisième. Je trouve les cours ennuyeux et je voudrais quitter le collège à 16 ans. Je ne suis pas fort en maths, mais je suis bon en français et surtout en langues (anglais et allemand). J'adore écrire. J'aimerais voyager. Est-ce que je pourrais être journaliste ?

Yves

AUX JEUNES...

RADIO JEUNES
Tous les jours
de 18 à 18h15
Appelez 575 72 32

JEUNES
Choisissez des métiers JEUNES et découvrez le monde avec
AIR FRANCE
• Hô...

SI TU VEUX AVOIR LES CHEVEUX LONGS TRÈS VITE, COUPE-LES SOUVENT. C'EST BIZARRE MAIS ESSAYE!

Vous aussi, vous avez envie de vivre mieux? Nous avons une grande maison... mandie. Ça vous... Alors écrivez ou ve... voir, n'attendez... serait dommage...

Denis, Denise
(Le Chemin vert)

J'ai 15 ans 1/2 et quelquefois, je suis seule, très seule. Si, toi aussi, tu es seul(e) : écris-moi, nous pourrions nous aider...

Solange Peysson
... du Canada
...nnes

VOLEZ!
Le deltaplane, vous connaissez? Jeunes, à partir de 16 ans, venez voler à Chamrousse (Isère)
1 semaine : 10...

77

Ce soir, à la télé...

« Et si on regardait la télé?
— Si tu veux. Qu'est-ce qu'il y a ce soir?
— J'aimerais bien regarder le reportage de foot sur TF1. C'est à 19 h 05.
— Oh! moi, je n'ai pas très envie de voir ça. Montre-moi le programme. Tu n'aimerais pas mieux regarder les variétés sur Antenne 2 ou l'émission pour les jeunes sur FR3? »

SAMEDI 2 FÉVRIER Journal des SPECTACLES

1re CHAÎNE

19.00 **DESSINS ANIMÉS**
Tom et Jerry.

19.05 **ÇA, C'EST DU SPORT**
Aujourd'hui : reportage sur l'équipe de France de football.

20.00 **JOURNAL**

20.30 **VIDOCQ** — Film policier.

21.35 **UNE FOIS CINQ**
SOIRÉE QUÉBÉCOISE
Avec : Robert Charlebois, Gilles Vigneault, Jean-Pierre Ferland, Félix Leclerc, Claude Léveillé.
Ils chantent : «Gens du pays», «Frog song», «Frédéric», «Tout l'monde est malheureux», «Les vieux pianos», «Les gens de mon pays», «J'sais pas comment, j'sais pas pourquoi», «Un peu plus haut, un peu plus loin», «Chacun dit je t'aime».

22.30 **LA MUSIQUE EST À TOUT LE MONDE**
Avec la Musique de la Garde Républicaine.
Au programme : *Concerto en fa*, pour piano et cordes, de Gerschwin; *L'Arlésienne* de G. Bizet.

23.00 **JOURNAL**

2e CHAÎNE

18.45 **LA PLANÈTE DES SINGES**
Science-Fiction.

19.45 **TOP CLUB**

20.00 **JOURNAL**

20.30 **VARIÉTÉS**
LA BASTILLE EN CHANTANT
Émission de Guy Lux et Lela Milcic. Réalisation : Georges Barrier, grand orchestre de Raymond Lefebvre, présentation : Guy Lux et Sophie Darrel. Avec : Dalida, Rika Zaraï, Richard Saint-Germain, Marie Laforêt, Jean Sablon, Patrick Topaloff, E. B. Dévotion, Danyel Gérard, Philippe Clay, Pierre Perret, Nicoletta, François Valéry, Enrique, Brett Fonda, Yoni, Mady Mesplé, Colette Renard, Mort Schumann, Sim, Claude François, la Bande à Bazile, Thierry le Luron et Pierre Desproges, Michel Sardou, Pierre Louis, orchestre de Raymond Lefebvre, Charles Aznavour.

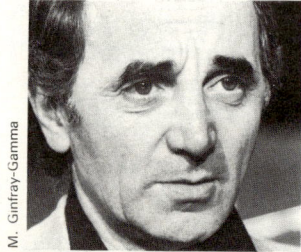

22.35 **SPORTS**
Résumé de la journée.

22.50 **BANDE À PART**
« Un petit frère pour Marie. »
Jacques est l'instituteur d'une classe de six élèves à Champagnac (Haute-Loire). Il a beaucoup d'idées, mais seulement 30 francs par élève...

23.10 **JOURNAL**

3e CHAÎNE

18.50 **HEBDO JEUNES**

19.15 **HAUT LES MAINS**
Trois Peaux-Rouges ont tué le frère du shérif Mac Duncan. Seul, il part à leur poursuite.

20.00 **JEUX DE 20 HEURES**
Invités : Robert Rocca, Christine Fabrega, Jacques Bodoin.

20.30 **THÉÂTRE**
La Comédie-Française : « Les fausses confidences » de Marivaux. Mise en scène : Michel Etcheverry. Avec : Bernard Dhéran, Simon Eine, Denise Gence.

22.15 **QUELQUES AFRIQUES**
DOCUMENTAIRE
CAMEROUN ET GABON

23.15 **JOURNAL**

78

des mots pour le dire 13

> Dis, Claire, je vais au judo. Tu viens avec moi ?

> Ah ! Non... pas aujourd'hui.

Alain a proposé à Claire d'aller avec lui au judo, mais elle a refusé.

proposer quelque chose

J'ai une idée : | on va au cinéma ?
                | si on allait au cinéma ?

Tu (n') as (pas) envie
         aurais | d'aller au cinéma ?
Ça te **ferait** plaisir

J'**aimerais** bien | aller au cinéma ;
Je **voudrais** |
         tu viens | avec moi ?
            viendrais |

répondre...

Oui (Ça, c'est une) bonne idée !
     Chic !

     Je suis | d'accord.
     C'est |

     Ça **serait** | bien.
                   | sympa.

     Ça me | **ferait** plaisir.
           | **plairait** (beaucoup).

Peut-être Pourquoi pas ?
           Si tu veux !
           Je ne sais pas...

Non J'**aimerais** mieux | regarder
     Je **préférerais** | la télé.
     Je n'en ai pas (beaucoup) envie.
     Ah non ! surtout pas.

Je	se**rais** content(e) de	
Tu	au**rais** envie de	
Ça	te fer**ait** plaisir de	faire du judo.
Nous	voud**rions**	
Vous	**iriez**	
Ils	pour**raient**	

• *Regarde aussi* 📖 5.

79

Les Catacombes

Un Suédois, Gunnar Svensson, visite Paris. Il aime beaucoup les monuments et les vieilles pierres. Son ami, M. Daninos, lui a déjà montré l'église du Sacré-Cœur, à Montmartre. Mais Gunnar a encore envie d'autre chose : « *Nous devons maintenant*, dit-il, *voir Catacombes* ».

Quand il est dans un pays étranger, M. Daninos va toujours voir les monuments, les musées, etc. Mais il habite Paris depuis quarante ans et il ne connaît pas encore les Catacombes... Il se rappelle seulement qu'un jour — il avait sept ou huit ans —, son père lui a dit : « Si tu es gentil, on ira, dimanche, aux Catacombes. » Il n'a pas été gentil : il ne les a jamais visitées. M. Daninos essaie alors de proposer autre chose à Gunnar :

« Et si nous allions prendre un verre sur la place du Tertre ? » Mais non. Les étrangers

---

- **attention aux accents !**

à	et	**a**

Il explique **à** Gunnar qu'il **a** besoin d'acheter des cigarettes.
à Paris, il y **a** beaucoup de touristes.
(verbe **avoir**)

où	et	**ou**

Où se trouvent les Catacombes ?   Il avait sept **ou** huit ans.
(ou = ou bien)

là	**la**	et	**l'a**

Les Catacombes, c'est par **là**.   **La** place du Tertre. Je **la** vois tous les jours.   Il avait envie d'embrasser le policier, mais il ne **l'a** pas fait. (le + verbe **avoir**)

Rappel :
N'oublie pas **les accents graves** sur :
tout **à** fait, tout **à** coup, jusqu'**à**, déj**à**, voil**à**, apr**è**s, tr**è**s

...et les **accents circonflexes** sur :
âge, allô, âne, août, bientôt, boîte, brûler, château, connaître, à côté, drôle, hôtel, hôtesse, ça me plaît, pâtes, peut-être, (bien) sûr, etc.

13

ont quelquefois des idées fixes. Gunnar veut ses Catacombes.
« C'est facile, lui dit Daninos, je vais vous conduire. »
Un Parisien ne peut pas dire qu'il ne connaît pas les Catacombes : on ne le croirait pas. Mais ce n'est pas drôle pour lui : où se trouvent les Catacombes ? Il ne le sait pas du tout... Il explique alors à Gunnar qu'il a besoin d'acheter des cigarettes. Il le laisse seul devant l'église, traverse la rue et demande à un policier :
« Dites-moi, pour aller aux Catacombes ? »
Le policier réfléchit et... prend un guide dans sa poche. M. Daninos sourit : s'il pouvait, il l'embrasserait !

D'après P. Daninos,
Les Carnets du major Thompson, Hachette.

- **conduire**

Conduire une voiture une moto un avion

une personne

Pour conduire une personne quelque part, il faut connaître l'itinéraire, savoir où cet endroit se trouve.

- Regarde aussi 1.1.

- **des mots nouveaux**

fixe : qui ne change pas.
Exemple : **avoir un domicile fixe ; un restaurant à prix fixes ; manger à heures fixes** (= toujours aux mêmes heures).
réfléchir : penser longtemps à quelque chose.
Exemple : j'**ai** bien **réfléchi** ; je vais prendre l'autoroute.

81

DEMAIN... AVEC OU SANS

Aujourd'hui, on a besoin de DEUX fois plus d'énergie qu'il y a 10 ans. Dans 10 ans, il en faudra encore DEUX fois PLUS ! Il faut donc tous les jours plus d'énergie, mais où peut-on en trouver ? L'énergie nucléaire est-elle la solution ?

Il y a... ceux qui sont pour...

1 La solution !

Nous savons tous que :
- il n'y a pas assez de charbon.
- il n'y aura plus de pétrole dans 30 ans.
- l'eau des rivières donne très peu d'énergie (1 %).

Mais on peut avoir autant d'énergie nucléaire qu'on veut.
Et puis, l'énergie nucléaire n'est pas plus chère.

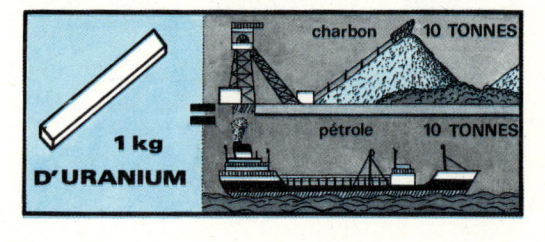

2 L'énergie nucléaire tue moins que le charbon !

Le charbon TUE : 1 500 morts en 20 ans en France !
L'énergie nucléaire est moins dangereuse, parce qu'on fait très attention.

3 Nucléaire ou chômage, il faut choisir !

On ne peut pas vivre avec moins d'énergie parce qu'alors l'industrie mourra et il y aura moins de travail pour tous.

C'est pourquoi si demain, vous voulez VIVRE, il faut dire :

| Le monde moderne est nucléaire |

OUI A L'ÉNERGIE NUCLÉAIRE !

L'ÉNERGIE NUCLÉAIRE ?

leçon 14

et ceux qui sont contre...

1 Il y a d'autres solutions
Le charbon et le pétrole
ne donnent pas assez
d'énergie, c'est vrai,
mais il y a d'autres énergies.
D'abord, il y a le soleil.
Ensuite, le vent.
Et puis, la mer.

En plus,
ces énergies
sont plus
propres pour
la nature.
**Il faudrait les
essayer !**

2 Énergie nucléaire = danger !
- S'il y a accident : ce n'est pas un homme qui meurt mais toute une ville et peut-être beaucoup plus !
- Si quelqu'un vole du plutonium : ça peut alors être une arme dangereuse.
- Une centrale nucléaire sert 30 ans et après, personne ne peut vivre à cet endroit.

3 Impossible !
En l'an 2000, il faudrait une centrale de plus par jour et APRÈS ?

C'est pourquoi si demain, vous voulez VIVRE, il faut dire :

NON A L'ÉNERGIE NUCLÉAIRE !

Tu ne tueras pas !
Non au nucléaire

NON

83

Pourquoi apprendre le français ?

des mots pour le dire   14

pour mettre de l'ordre

premièrement, deuxièmement, troisièmement...
d'abord → ensuite → et puis → enfin...
  en plus

pour expliquer

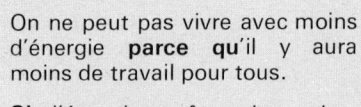

On ne peut pas vivre avec moins d'énergie **parce qu'**il y aura moins de travail pour tous.

J'apprends le français **parce que** c'est important.

Si l'énergie coûte cher, c'est **parce que** le pétrole coûte cher.

Si tu veux vendre, il faut parler la langue du client.

Il y a d'autres énergies, **par exemple** : la mer, le vent, le soleil.

Les langues, ça peut servir **par exemple** pour le commerce international.

pour comparer

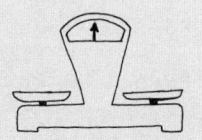

Il faudra | moins / autant / plus | d'énergie qu'aujourd'hui.

On parle | moins / autant / plus | le français que l'anglais.

pour finir

Donc
Alors
C'est pourquoi | il faut dire oui à l'énergie nucléaire.
              | j'apprends une deuxième langue.

pour répondre

Oui
Tu as raison.
D'accord pour les livres.
C'est sûr.
J'en suis sûr.
C'est vrai.

Peut-être
Ce n'est pas sûr.
Je ne sais pas.
Tu as peut-être raison.
Peut-être bien.

Non
Oui mais...
Tu oublies que...
Ce n'est pas vrai.
C'est faux.
Tu as tort.

• *Regarde aussi* 3.2.

Avez-vous l'esprit logique ?

Qui perd gagne !

C'est dimanche. La famille Botti est allée en pique-nique à la campagne. Après le repas, M. Botti veut dormir un peu, mais ses enfants, André et Nicole, tournent tout le temps autour de lui avec leurs vélos. Alors il a une idée.
« Écoutez, les enfants. Je vous propose un jeu. Vous voulez faire une course à vélo ? Vous allez jusqu'au bout du champ, vous tournez trois fois autour de la maison qu'on voit là-bas et vous revenez. Je donnerai 10 francs à celui qui gagnera la course. Mais attention ! c'est à qui perd gagne.

— A qui perd gagne ?
— Oui, c'est simple, André. Si c'est ton vélo que je vois le premier, tu as perdu, mais s'il arrive après celui de Nicole, tu as gagné ! »
André et Nicole ont compris. Ils partent très lentement. Leur père pense qu'il va être maintenant tranquille... Mais dix minutes après, les enfants reviennent à grande vitesse. Nicole gagne la course et demande les 10 francs à son père.
« Ce n'est pas à toi que je vais les donner mais à ton frère.
— Non papa, tu te trompes : c'est à moi ! »

Pourquoi Nicole dit-elle cela ?

- **autour / autour de**

Elle tourne / Elle est	autour / à droite / à gauche / à côté / devant / derrière

	· autour		
	à droite		
	à gauche	de	lui
	à côté		
	devant		
	derrière		

La terre tourne **autour** du soleil.

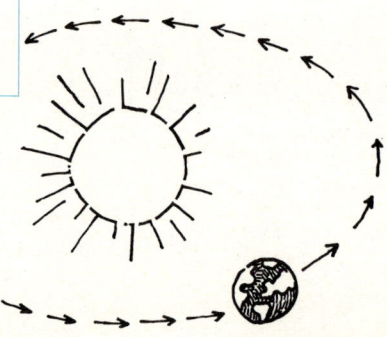

- Regarde aussi 1.1. et 1.6.1.

14

Au marché

Trois paysans, Vincent, Paul et François
vendent leurs fruits au marché de Parpazan.
Ils demandent toujours les mêmes
prix à leurs clients.
Aujourd'hui, Vincent est venu avec 40 kilos
d'oranges, Paul avec 35 kilos
et François seulement avec 30 kilos.
A midi, ils ont tout vendu. Ils comptent
alors l'argent qu'ils ont dans leur caisse :
tous les trois en ont autant !

Qu'est-ce qui s'est passé ?*

Réponse : A un moment, ils changent les prix : ils décident de vendre leurs fruits moins cher. Mais alors, Vincent en a vendu peu, Paul plus que lui et François bien plus.

- **bout**

  morceau (un bout)

  Il mange un **bout** de pain.

  fin (le bout, jusqu'au bout)

  Coupez le **bout** du fil.
  Allez **jusqu'au bout** du champ.
  Il m'a apporté ce livre
  au bout d'une semaine.

  • Regarde aussi 1.1. et 1.6.1.

- **des mots nouveaux**

  se tromper : faire une erreur, avoir tort

  Exemple :
  Tout le monde
  peut **se tromper**...
  se tromper
  de route,
  d'heure, de
  jour, d'adresse. 
  à grande vitesse : très vite.

87

ET SI C'ÉTAIT VRAI...

LAURENT FOURNIER EST, DEPUIS CINQ SEMAINES, LE GAGNANT D'UN JEU À LA TÉLÉVISION. AUJOURD'HUI, C'EST LA FIN DU JEU: S'IL RÉPOND À LA QUESTION, IL GAGNE...

BRAVO LAURENT! C'ÉTAIT LA BONNE RÉPONSE! VOUS AVEZ GAGNÉ **10.000 FRANCS**... C'EST BEAUCOUP. QU'ALLEZ-VOUS FAIRE DE CET ARGENT??

ZUT!!? UNE PANNE!!

OH!

D'APRÈS VOUS, QU'EST-CE QU'IL VA FAIRE?

LAURENT EST **EXTRAORDINAIRE**.

IL VA PEUT-ÊTRE **ALLER AU MEXIQUE** VOIR SA SŒUR?

SI C'ÉTAIT MOI, JE CROIS QUE J'ACHÈTERAIS **UN BATEAU**.

leçon **15**

Au pays des rêves

avec des si...

Si les poissons savaient marcher,
ils aimeraient bien aller le jeudi au marché.

Si les canards savaient parler,
ils aimeraient bien aller le dimanche au café.

Et si les escargots savaient téléphoner,
ils resteraient toujours au chaud dans leur coquille.

Claude Roy, *Enfantasques*, Gallimard.

la ronde autour du monde

Si toutes les filles du monde voulaient s'donner la main,
tout autour de la mer elles pourraient faire une ronde.

Si tous les gars du monde voulaient bien êtr'marins,
ils f'raient avec leurs barques un joli pont sur l'onde.

Alors on pourrait faire une ronde autour du monde,
si tous les gens du monde voulaient s'donner la main.

Paul Fort, *Les Ballades françaises*, Flammarion.

des mots pour le dire

plus ou moins sûr

Laurent devait venir chez ses amis, mais il n'est pas encore là.
A-t-il oublié ?

Je suis sûr(e) qu'il a oublié.	+
A mon avis, } il a oublié. D'après moi, } Je pense } qu'il a oublié. crois }	?
Il a **peut-être** oublié. **Peut-être qu'**il a oublié.	??
Je ne pense pas qu'il a oublié. Ça m'étonnerait.	–

avec des si

Est-ce qu'il va gagner ?		S'il répond à cette question, **il gagne.**
Voulez-vous venir avec moi ?		Si vous voulez, nous **ferons** le tour de l'Europe.
Je n'ai pas autant d'argent que Laurent	mais	si **j'avais** autant d'argent, je **quitterais** ma famille et **j'aurais** un studio.

quand ou si ?

QUAND j'aurai 18 ans, je **voterai.**

SI j'avais 18 ans, je **voterais.**

• Regarde aussi 5.

Un dangereux bandit
(Cinq fois cinq – IV)

C'est bientôt la fin des vacances, mais en septembre, il fait encore beau en Corse. Les cinq amis sont allés à la rivière. Bernard et Guy nagent et jouent dans l'eau; Daniel, assis sur un rocher, lit un livre. Muriel a mis ses lunettes noires : elle prend le soleil. Catherine, elle, s'ennuie. Elle leur a proposé une partie de ballon, mais personne n'a voulu. Elle n'est pas contente. Alors, elle part se promener, seule, un peu triste...
Une heure après, ils décident de rentrer parce qu'ils ont un peu froid.
« Mais, demande Muriel, Catherine n'est pas là. Où est-elle?
— Oh, elle ne peut pas être bien loin », dit Daniel.
Guy appelle :
« Ohé, Catherine ! »
Pas de réponse. Ils crient tous ensemble :
« Catherine, ohé ! Où es-tu ? »
Ils cherchent partout, mais ils ne trouvent rien. Le temps passe...

● **d'un mot à un autre**

Jo est un **acteur** de cinéma. Jean-Paul Belmondo aussi : il a joué dans beaucoup de films.

Dans **acteur**, il y a **-eur** comme dans **acheteur, facteur, chanteur, directeur, docteur, professeur, voleur, voyageur** (voir p. 8).

Bernard nage bien → C'est un bon **nageur**.
Mireille joue bien au tennis. → C'est une bonne **joueuse**.

Attention ! On dit :

un chant**eur** → une chant**euse**
un jou**eur** → une jou**euse**
un nag**eur** → une nag**euse**

un act**eur** → une act**rice**
un direct**eur** → une direct**rice**
un institut**eur** → une institut**rice**

● *Regarde aussi* 📖 *1.2.1.*

15

« A mon avis, dit Daniel, elle s'ennuyait et elle est rentrée à la maison.
— Oui, mais si on ne la retrouve pas, il faudra téléphoner à la police, pense Bernard. Peut-être qu'elle a eu un accident... »
Tout à coup, Muriel s'arrête.
« Qu'est-ce qu'il y a? demande Daniel.
— Je ne sais pas... Je crois que je viens de voir Catherine. Elle était sur un cheval qui courait très vite !
— Un cheval ? Elle était seule ?
— Non, il y avait aussi un homme masqué, avec des habits noirs et une épée.
— Mais c'est Zorro !
— Oh ! Guy, ce n'est pas amusant. C'est peut-être des bandits qui ont enlevé Catherine. Il faut faire quelque chose.
— Allons, allons, restez tranquilles. Rentrons vite. »
Bernard, Muriel, Daniel et Guy courent. Arrivés au bout du sentier, ils voient un cheval devant la porte de la maison.

« J'ai peur, dit Guy. Les bandits sont là. Il faut faire attention. »
Bernard et Daniel avancent lentement. Guy et Muriel restent derrière. Tout a l'air tranquille. On entend un peu de musique. Alors ils entrent doucement.
« Tiens, vous êtes revenus ? Où sont Muriel et Guy ? demande Catherine.
— Ils arrivent. Mais... »
Ils ont aperçu un jeune homme inconnu.
« Ah, oui. Vous ne connaissez pas Jo ? Il vous a fait peur ? C'est un acteur ! Il vient d'arriver aujourd'hui avec des gens qui vont faire un petit film publicitaire dans le village.
— Ah bon ! J'aime mieux ça. Tu sais, Catherine, on t'a cherchée partout », dit Daniel.
Bernard court vers la porte.
« Guy ! Muriel ! Catherine est là. Vous pouvez venir : le « bandit » n'est plus dangereux ! »
Jo rit :
« Excusez-moi. Je suis seulement un bandit de cinéma ! »

(à suivre)

● **attention aux verbes !**

courir : Il cour**ait**. } Un seul **r**
mourir : Je mour**ais**. }

Il cour**ra**. Il cour**rait**. } Deux **r** au futur et
Je mour**rai**. Je mour**rais**. } au conditionnel

s'ennuyer
Je m'ennuie. Je m'ennuyais.
Je m'ennuierai. Elle devait s'ennuyer.

y → i devant un **e** qu'on ne prononce pas.

(Voir les verbes **essayer** et **payer** :
essaie, essayons, essayez; paie, payons, payez.)

apercevoir
J'apercevais. J'aperçois.

c + e ou i   ç + a, o ou u
(Ex. : cela - ciel) (Ex. : ça-niçois - reçu)

(Voir aussi : **recevoir**.)

● *Regarde aussi* 📖 5.

● **des mots nouveaux**

bandit

Des **bandits** ont attaqué le train.

apercevoir : voir tout à coup. *Exemple :* En entrant, Bernard et Daniel ont vu Catherine; tout à coup, ils **aperçoivent** Jo.

crier : parler très fort.

Ils **crient** pour appeler leur amie.

ensemble : à la fois, en même temps.

Ils sont arrivés **ensemble**.

Ne perdez pas une occasion...

Parlez !

leçon 16

7.
— Je peux vous renseigner ?
— Non merci, je regarde...

8.
— Oh, c'est joli ! Comment faites-vous ?
— Si vous avez un moment, je peux vous expliquer.

9.

10.
— Je ne vous dérange pas ?.. Je me plais beaucoup ici, c'est une très belle région, si je trouvais un petit travail...
— Mon frère cherche un jeune pour l'aider au marché, si ça vous intéresse ?..

MAIS QUELQUEFOIS...

LE SILENCE EST D'OR.

ALLEZ L'IRLANDE !
ALLEZ FRANCE
ALLEZ FRANCE

95

Où vont-ils après la classe?

- C'EST CE SOIR QUE JE FINIS MA MAQUETTE.
- JE T'ACCOMPAGNE À LA MJC, JE VEUX VOIR.
- QU'EST-CE QUE TU FAIS?
- JE VAIS PRENDRE DES LIVRES. TU VIENS AVEC MOI À LA BIBLIOTHÈQUE?
- SALUT LES SPORTIFS!

mjc GRAND CONCOURS DE MAQUETTISTES DERNIER JOUR

CINE CLUB

SCIENCES ET TECHNIQUES — ARTS ET LOISIRS — GÉOG

PRIÈRE DE DÉPOSER LES SACS À L'ENTRÉE

16

- TU VIENS PRENDRE UN CAFÉ ?
- TU PASSES À LA MAISON ?
- IL FAIT BEAU. ON FAIT UN TOUR EN MOTO ?
- D'ACCORD, MAIS PAS PLUS D'UNE HEURE.

se distraire...

maison de la culture grenoble
DIRECTION DIDIER BERAUD

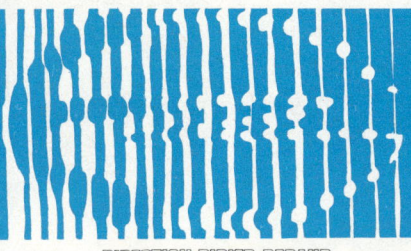

programme du mois de février

ANIMATION
MARDI 2 A 18 H 30 ET 21 H : **MUSIQUE**. APPROCHE DE BERIO.
SAMEDI 6 A 18 H 30 ET 21 H : **THEATRE**. RHINOCEROS.
MARDI 16 A 18 H 30 ET 21 H : **CINEMA**.
VENDREDI 19 A 20 H 45 : **LITTERATURE**. POESIE PORTUGAISE.
(ENTREE LIBRE)

VARIETES
MERCREDI 3 ET VENDREDI 5 A 20 H 45, JEUDI 4 ET SAMEDI 6 A 19 H 30, DIMANCHE 7 A 15 H 30 (PETITE SALLE)
JACQUES DOUAI
COLLECTIVITES : 7 F - ADHERENTS INDIVIDUELS : 9 F - NON-ADHERENTS : 13 F

MARDI 23 ET JEUDI 25 A 19 H 30, MERCREDI 24 ET VENDREDI 26 (sous réserve) A 20 H 45, SAMEDI 27 A 18 H, DIMANCHE 28 A 15 h 30
(PETITE SALLE)
LE MIME QUELLET
COLLECTIVITES : 7 F - ADHERENTS INDIVIDUELS : 9 F - NON-ADHERENTS : 13 F

THEATRE
DU 10 FEVRIER AU 14 MARS INCLUS : LE MERCREDI ET LE VENDREDI A 20 H 45, LE MARDI ET LE JEUDI A 19 H 30, LE SAMEDI A 18 H, LE DIMANCHE A 15 H 30 (THEATRE MOBILE)
RHINOCEROS   DE IONESCO   PAR LA COMEDIE DES ALPES
MISE EN SCENE DE DERYK MENDEL - DECORS ET COSTUMES DE MICHEL RAFFAELLI
COLLECTIVITES : 7 F - ADHERENTS INDIVIDUELS : 9 F - NON-ADHERENTS : 13 F

MUSIQUE
MARDI 9 ET MERCREDI 10 A 20 H 45 (PETITE SALLE)
L'OCTUOR DE PARIS
ŒUVRES DE MOZART, BRAHMS (le 9), BEETHOVEN (le 10), MARTINON, XENAKIS.
COLLECTIVITES : 7 F - ADHERENTS INDIVIDUELS : 9 F - NON-ADHERENTS : 13 F

VENDREDI 12 A 20 H 45 (sous réserve de confirmation) (GRANDE SALLE)
POP'MUSIC THIRD EAR BAND
EN PREMIERE PARTIE : CATHERINE RIBEIRO   COLLECTIVITES : 9 F - ADHERENTS INDIVIDUELS : 11 F - NON-ADHERENTS : 16 F

SAMEDI 13 ET DIMANCHE 14 A 20 H 45 (GRANDE SALLE)
BALLET NATIONAL DE CEYLAN
COLLECTIVITES : 7 F - ADHERENTS INDIVIDUELS : 9 F - NON-ADHERENTS : 13 F

MERCREDI 17 ET JEUDI 18 A 20 H 45 (GRANDE SALLE)
JEUDI 18 A 18 H AU CONSERVATOIRE REGIONAL DE MUSIQUE :
ENSEMBLE DU DOMAINE MUSICAL
SOUS LA DIRECTION DE GILBERT AMY ET LUCIANO BERIO   ŒUVRES DE L. BERIO, B. JOLAS ET G. LIGETTI
COLLECTIVITES : 9 F - ADHERENTS INDIVIDUELS : 11 F - NON-ADHERENTS : 16 F

EXPOSITION
A PARTIR DU 13 :
REFLET DES GALERIES PILOTES

CINEMA
MERCREDI 17 A 21 H, JEUDI 18 A 17 H ET 21 H, VENDREDI 19 A 21 H, SAMEDI 20 A 17 H ET 21 H
ADHERENTS : 3 F - NON-ADHERENTS : 5 F
CINEMATHEQUE DIMANCHES 7, 14, 21 et 28 A 17 H.

CONFERENCES ET TABLES RONDES
MARDI 9 A 20 H 45 : RENCONTRE AVEC BERTRAND SCHWARTZ - « L'EDUCATION PERMANENTE ».
MERCREDI 10 A 20 H 45 : MAGAZINE DU CREPAC - « CERTIFIE EXACT », - « LA SANTE ».
JEUDI 12 A 20 H 45 : SOIREE LITTERAIRE AVEC G.E. CLANCIER.
(ENTREE LIBRE).

16 Qu'aiment faire les jeunes Français le mercredi et le dimanche ?

	GARÇONS	FILLES
être avec des copains	xxx	xxx
rester en famille	x	xx
regarder la télévision	xx	x
• aller au cinéma, au théâtre, au concert, à une exposition...	x	x
• lire	x	x
participer à des activités (sport, danse, etc.)	xxx	xx

Où peut-on se renseigner sur les spectacles ?

- Regardez un journal.
- Demandez à la maison des jeunes et de la culture (la M.J.C.) la plus proche.
- A Paris, vous pouvez aussi acheter : l'Officiel des Spectacles, Pariscope.

Chère Muriel,
Samedi dernier, je suis allée à l'Olympia écouter Manu Dibango. C'est un chanteur africain qui est très connu ici. J'ai eu beaucoup de chance parce que c'est très difficile d'avoir des places. C'était formidable et je vais m'acheter un disque de lui. Sais-tu qui est premier au hit-parade ici ? Tu ne devineras pas

VENDREDI
19 SAMEDI
Boum chez Didier

LA CITE OCCUPEE

À LA CITÉ DES ORANGERS, IL EST 4 HEURES...

— LAISSEZ-MOI PASSER ! POURQUOI OCCUPENT-ILS LE MAGASIN ? IL FAUT APPELER LA POLICE !
— PATRICE ! SOPHIE ! NE RESTEZ PAS ICI !
— ANNIE ! RENTRE À LA MAISON !
— COMBIEN SONT-ILS ?
— J'AI PEUR : ILS ONT PEUT-ÊTRE DES ARMES ?
— QUI SONT-ILS ?
— DEPUIS QUAND SONT-ILS LÀ ?
— JE NE SAIS PAS.

NOUS VOULONS NOTRE CENTRE !

MAGASIN OCCUPÉ

Nous ne voulons plus attendre ! Nous ne pouvons pas jouer dans les couloirs. Nous parlons trop fort, nous faisons trop de bruit... On nous promet un centre depuis DEUX ans. Où est-il ? Et quand aurons-nous notre télévision, notre table de ping-pong ? Nous voulons une vie meilleure dans la cité.
Aidez-nous !

les jeunes de la cité

leçon **17**

VOUS SAVEZ QUI SONT CES JEUNES ?

OUI, CE SONT DES JEUNES DE LA CITÉ. IL Y A NOS ENFANTS.

MOI AUSSI, MA FILLE EST LÀ. JE LUI AI DEMANDÉ DE RENTRER.

NOUS LEUR AVONS DIT DE NE PAS RESTER.

VOILÀ LE GARDIEN. LUI NON PLUS, IL NE SAIT PAS POURQUOI LES JEUNES OCCUPENT LE MAGASIN. IL DIT QU'IL FAUT APPELER LA POLICE. IL EST 4 HEURES 30. LES HABITANTS DE LA CITÉ ONT PEUR. ILS SE DEMANDENT COMBIEN ILS SONT...

LE JOURNAL DE LA CITÉ

LA CITÉ DES ORANGE

Depuis 2 ans, ils attendent et cet après-midi, ils ont décidé de ne plus attendre. Ils occupent un magasin et répètent qu'ils ont attendu trop longtemps et qu'ils ne partiront pas avant d'avoir leur centre...

CITÉ-SOIR

LA CITÉ OCCUPÉE !

Les jeunes ne comprennent pas pourquoi ils n'ont pas le droit de jouer, pas le droit de parler, pas le droit de faire du bruit. Ils demandent un centre. Ils ont expliqué qu'ils attendaient depuis deux ans. Une affaire bizarre...

Écoutez-nous !

YVES
(15 ans)

Je vois mon père seulement le samedi et le dimanche. Jamais un mot gentil. J'ai essayé de parler avec lui, mais il ne me comprend pas. On n'a pas les mêmes idées. Alors, on ne parle plus.
Ma mère travaille à la maison, mais elle n'a jamais le temps de bavarder avec moi. Je n'ai pas le droit de sortir le soir. D'après elle, je suis trop jeune pour ça. Si je sors sans lui dire où je vais, elle téléphone partout pour savoir où je suis.

A TON AVIS, Y A-T-IL UN MUR ENTRE VOUS, LES JEUNES, ET VOS PARENTS ?

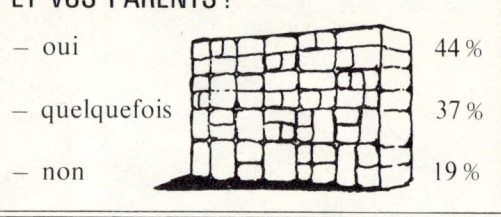

— oui   44 %
— quelquefois 37 %
— non   19 %

SOPHIE
(13 ans)

Mes parents sont mes amis. Ils me laissent libre. Je peux parler de tout avec eux. Ma mère me laisse sortir quand je veux. Mais elle me demande où je vais et avec qui. Elle a horreur du mensonge.

LES JEUNES DEMANDENT AUX PARENTS
de pouvoir librement

	ELLE	LUI
— recevoir et écrire des lettres	78 %	73 %
— sortir avec un(e) ami(e)	60 %	71 %
— choisir leurs journaux, leurs films	58 %	71 %
— choisir leur profession	64 %	62 %
— dépenser leur argent	50 %	56 %

LES PARENTS DEMANDENT AUX JEUNES

— d'être polis . . . . 57 %
— d'aimer le travail . . . . 22 %
— de savoir réfléchir . . . . 12 %
— de s'intéresser à plus de choses . . . . 11 %
— de lire de bons auteurs . . . . 7 %
— de faire du sport . . . . 4 %
— d'apprendre une langue étrangère . . . . 2 %

des mots pour le dire 17

qu'est-ce qu'ils disent?

La vieille dame dit : « **J'ai** peur. »

La vieille dame **a dit** : « **J'ai** peur. »

qu'est-ce qu'ils ont dit?

La vieille dame dit | qu' | **elle** a peur.

La vieille dame **a dit** | qu' | **elle avait** peur.

1

| Elle | croit
pense
dit | que | je suis trop jeune pour sortir le soir. |

D'après elle,

2

| Ma mère | me demande | où | je vais. |
| | veut savoir | avec qui | je sors. |

3

Le journaliste a demandé	qui	étaient ces jeunes.
	combien	ils étaient.
	depuis quand	ils étaient là.
Les gens ont expliqué	pourquoi	ils occupaient le magasin.

4

| Les parents demandent à Annie | de | rentrer. |
| Ils lui ont demandé | de | ne pas rester. |

5

| On leur | demande
dit
propose | d' attendre encore deux mois. |
| Ils ont | accepté
décidé
promis
refusé | |

• *Regarde aussi* 2.1. *et* 4.

Un Américain à Gênes

L'écrivain américain Mark Twain visite l'Italie avec des amis. A Gênes, ils ont un guide très gentil, qui connaît très bien la ville, mais qui parle vraiment beaucoup. Pour rire, ils décident alors de toujours le contredire. Le pauvre homme les conduit partout, il leur montre les monuments les plus originaux, les musées les plus beaux, les paysages les plus extraordinaires, mais les touristes disent toujours qu'ils ne trouvent pas ça très intéressant.

Un jour, le guide pense qu'il a trouvé quelque chose qui va plaire beaucoup à ses clients américains.
Il leur montre un vieux bout de papier :
« Messieurs, dit-il, un autographe de Christophe Colomb !
— De... qui? demande Twain.
— De Christophe Colomb.
— Christophe... comment?
— Christophe Colomb.

- **qui parle?**

Quand on lit un dialogue, il faut savoir qui parle.

- Mark Twain s'adresse à ses amis :

    « Est-ce que vous avez déjà entendu dire qu'un Italien a découvert l'Amérique ?
    (C'est la question de M. Twain.)
    — Nous ? Jamais ! »   *(C'est la réponse de ses amis.)*

- ⃞ Il dit : ⃞ « Messieurs, un autographe. »   Il dit   → dit-il.

    « Messieurs, ⃞ dit-il, ⃞ un autographe. »   Il répond   → répond-il.

    « Messieurs, un autographe », ⃞ dit-il. ⃞   Il pense   → pense-**t**-il.

- **les dizaines**

    10, 20, 30, 40, 50, 60, 100 + aine → une <u>dizaine</u>, une <u>vingtaine</u>, une <u>trentaine</u>, une <u>quarantaine</u>, une <u>cinquantaine</u>, une <u>soixantaine</u>, une <u>centaine</u>.

une **centaine** de personnes = un peu plus ou un peu moins de cent personnes.

une **trentaine** d'années = trente ans.

On dit aussi : une **douzaine** d'œufs = 12 œufs.

- *Regarde aussi* 📖 1.2.1.

— Qui est-ce, Christophe Colomb?
— Mais, messieurs, Christophe Colomb! celui qui a découvert l'Amérique. »

Mark Twain hausse les épaules.
« Découvert l'Amérique? Quelqu'un a découvert l'Amérique? Qu'est-ce que c'est encore que cette histoire? »

Il s'adresse à ses amis :
« Est-ce que vous avez déjà entendu dire qu'un Italien a découvert l'Amérique?
— Nous? Jamais!
— Vous voyez bien, mon cher guide, que vous n'avez pas de bons renseignements. Mes amis et moi, nous sommes Américains, et si cela était vrai, nous le saurions. »

Le pauvre homme est très étonné.
« Et alors, vous dites que ce papier est un autographe de ce monsieur... Comment l'appelez-vous?
— Christophe Colomb.
— Christophe Colomb... Et c'est lui qui l'a écrit?
— Oui, bien sûr.
— Quel âge avait ce monsieur quand il a écrit ces lignes?
— Une trentaine d'années, je crois. »
Mark Twain et ses amis rient très fort.
« Trente ans, cet homme avait trente ans quand il a écrit cette page!... Mais, mon cher monsieur, quand vous viendrez en Amérique, je vous montrerai des cahiers d'enfants de sept et huit ans, bien mieux écrits que l'autographe de ce... Comment l'appelez-vous?
— Christophe Colomb.
— De ce Christophe Colomb!... Et en Amérique, on n'a jamais eu l'idée de mettre ces cahiers dans des musées et de les montrer aux étrangers qui viennent visiter nos villes. »

D'après Alphonse Allais,
Contes et Chroniques d'Alphonse Allais,
éd. Henri Defontaine.

• **un mot ne dit pas toujours la même chose**

pauvre
qui n'a pas d'argent — qui n'a pas de chance

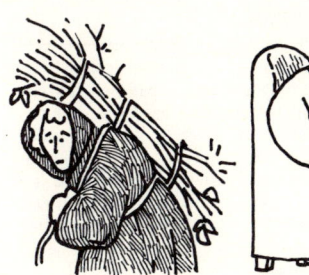

Dans cette région, les gens sont très pauvres.

Le pauvre! Il s'est blessé en tombant.

un guide
une personne — un livre
qui donnent des renseignements

• *Regarde aussi* 1.1.

• **des mots nouveaux**

hausser les épaules

contredire : ne pas être d'accord avec quelqu'un, dire toujours le contraire.

écrivain : celui qui écrit des livres, un auteur. Alphonse Allais est un **écrivain** français.

POUR UN OUI

NON AU SOLEIL !

JE N'AI VRAIMENT RIEN À ME METTRE !

COURRIER

6 000 = 0

Lundi dernier, je suis allée à la manifestation : « Tous en deux-roues ». Je n'étais pas seule, nous étions six mille. Alors, pourquoi n'en avez-vous pas parlé ? La voiture est partout. Elle détruit notre vie, notre paysage mais vous ne dites rien.
Bien sûr, c'est plus facile !

DOMMAGE !

J'attendais l'exposition « Nos frères d'Afrique » avec impatience. J'y suis allé le premier jour et je suis très déçu. Je voulais mieux connaître d'autres peuples, rencontrer des jeunes d'autres pays, entendre leur musique, je n'ai pas pu. Il y avait seulement des photos et des chiffres.
C'est dommage !

LES GENS EN ONT RAS-LE-BOL DE VIVRE COMME DES ESCLAVES.

BRAVO !

ET MOI J'EN AI RAS-LE-BOL DES GENS QUI N'ARRÊTENT PAS DE SE PLAINDRE.

OUI !

TRÈS BIEN

© Pichard-Wolinski

OU POUR UN NON

leçon 18

> J'EN AVAIS ASSEZ DE LA VILLE ET DU BRUIT...
>
> MAIS QU'EST CE QU'IL FAIT CE TYPE DEVANT ?
>
> TUT TUT

Wolinski

ASSEZ, C'EST ASSEZ !

Je viens de lire votre dernier numéro. Encore une page sur les jeunes qui ne travaillent pas. Ce n'est pas juste. Vous ne parlez jamais des jeunes qui voudraient travailler et qui ne trouvent rien. Moi, j'ai 17 ans et je cherche depuis 6 mois. On me dit que je suis trop jeune et que je n'ai jamais travaillé. Je ne comprends plus.

LE SPORT, TOUJOURS LE SPORT

Dimanche dernier, je m'assieds devant la télévision, je tourne le bouton : match de football. Je change de chaîne : match de tennis. Troisième chaîne : encore du foot. Je n'ai vraiment pas de chance.
Tous les dimanches, c'est la même chose. Vous ne pouvez pas penser à ceux qui n'aiment pas le sport...

ILS EXAGÈRENT !!!

J'aime beaucoup le cinéma, mais d'abord, c'est cher, c'est trop cher et puis, les gens exagèrent. Cette semaine, j'y suis allé deux fois. Le premier soir, j'avais à côté de moi une dame qui mangeait des bonbons. J'ai changé de place : devant moi, il y avait un monsieur qui fumait. C'est défendu. Je proteste, je me plains... je veux parler au directeur. Ça ne sert à rien. Le deuxième soir...

LES PARISIENS À PARIS !

J. Faizant

Ils se plaignent tous...

AU "GAUMONT", LE FILM A COMMENCÉ IL Y A UNE DEMI-HEURE. TOUT VA BIEN. MAIS...VOICI DES JEUNES QUI ENTRENT PAR LA SORTIE DE SECOURS.

ILS CHERCHENT UNE BONNE PLACE DANS LES PREMIERS RANGS, PUIS COMMENCENT À CRIER.

LES SPECTATEURS NE SONT PAS TRÈS CONTENTS...

LE CONTRÔLEUR ARRIVE... ET DEMANDE LES BILLETS.

C'EST INADMISSIBLE!! JE VEUX PARLER AU DIRECTEUR...

des mots pour le dire

j'en ai assez !

C'est { dommage.
       { inadmissible.
Ce n'est pas juste.
C'est { trop cher.
       { plus facile.
       { défendu.
Ça ne sert à rien !

	assez	de la ville.
J'en ai		des gens.
	ras-le-bol	de vivre comme ça.

Je suis déçu(e).

ils n'arrêtent pas de se plaindre !

Je n'ai pas pu.
Je ne comprends plus.
Je n'ai rien à (me mettre).
Je n'ai vraiment pas de chance.

Les gens exagèrent.
Tous les { dimanches, { c'est la même chose.
         { jours,
C'est toujours la même chose.

je proteste !

Encore une page sur...
{ Vous n'avez pas le droit...
{ Vous ne pouvez pas...
Vous exagérez.
Vous vous trompez.
{ Vous ne dites rien de...
{ Pourquoi n'en avez-vous pas parlé ?
{ Vous ne parlez jamais de...
Vous pourriez penser aux autres.

→ Je me plaindrai !
  Je veux parler au directeur !
  Je n'y reviendrai plus !

• *Regarde aussi* 2.1. - 2.2. et 4.

un mot pour un autre

Je ne reviendrai plus jamais { ici.
                              { dans ce cinéma.
                              { chez eux.

Je n' y reviendrai plus jamais.

• *Regarde aussi* 1.6.1 et 3.4.

109

La première surprise-partie

Sandrine n'est vraiment pas contente. Georges, un garçon du collège, l'a invitée pour sa fête; ses parents sont allés à la campagne et ils lui ont laissé l'appartement pour faire une surprise-partie. Sandrine a demandé à sa mère la permission d'y aller.

« Mais qui est ce garçon ? Je ne le connais pas. »

Sandrine lui a expliqué que c'était un garçon très bien.

« Et tu ne crois pas que tu es un peu jeune pour sortir seule ?

— Mais, maman, je ne serai pas seule; il y aura beaucoup de monde, et le soir, Georges me raccompagnera en moto.

— Le soir ???

— Oui, vers onze heures.

— Ah bon ! En plus, ça se passe le soir ? Alors là, je te dis non. Ton père ne sera jamais d'accord ! »

Sandrine pleure. Elle trouve inadmissible qu'on ne la laisse pas sortir. Elle va voir son

- **attention ! Il y a train et train.**

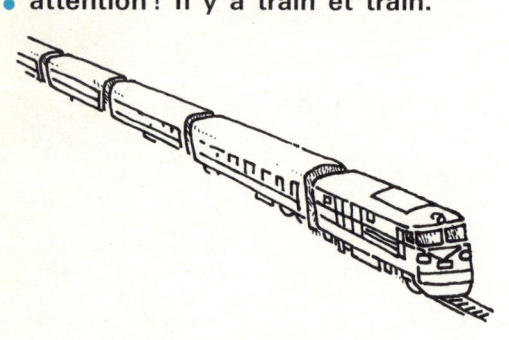

un train

Georges est **en train de** nettoyer l'appartement (en ce moment, il le nettoie; il a commencé, et il n'a pas encore fini).

- *Regarde aussi* 1.1.

- **g ou ge ?**

Georges, un **garçon** du **collège**, a invité Sandrine.
Dans ces trois mots, il y a toujours des **g**, mais ils n'ont pas le même son :

$$g + a, o, u \neq g + e, i$$

Attention aux verbes en **-ger** (comme **changer, se diriger, interroger, manger, nager, voyager**, etc.) : on écrit **ge** devant un **a** ou un **o**.
Exemple : Il voya**ge**ait; nous voya**ge**ons.

- *Regarde aussi* 5.

père qui, bien sûr, lui dit la même chose :
« Moi, à treize ans, je ne sortais pas le soir ! »
Sa mère voit bien qu'elle est déçue; elle essaie de lui parler, mais Sandrine ne l'écoute pas, ne lui répond pas.
Le soir, elle ne dit pas un mot pendant le repas; elle mange peu et va se coucher. Elle pense que ses parents ne sont vraiment pas gentils avec elle. Tout à coup, dans la nuit, elle se réveille. Elle regarde l'heure : neuf heures vingt-cinq ! Elle se lève doucement : tout est tranquille dans la maison, ses parents dorment. Alors vite, elle s'habille et part en courant chez Georges : elle va pouvoir s'amuser et ses parents n'en sauront rien...
Mais quand elle arrive chez son ami, il n'y a pas de bruit : pas de musique, pas de rires, pas de lumière non plus. Bizarre ! Elle sonne. Georges a l'air surpris de la voir. Il est en train de nettoyer l'appartement.
« C'est à cette heure que tu arrives ? lui demande-t-il.

— Comment ? C'est déjà fini ?
— Eh bien oui ! On a bien dansé, mais vers minuit, tout le monde est parti.
— Vers minuit ??? Mais quelle heure est-il ?
— Une heure du matin, ma pauvre Sandrine !
— Oh non ! C'est pas vrai, crie Sandrine, c'est mon réveil qui s'est arrêté. Ah ! je n'ai vraiment pas de chance, moi ! »
Tout à coup, le téléphone sonne et... Sandrine se réveille vraiment; il fait jour : cette première surprise-partie, c'était seulement un mauvais rêve !

• **des mots nouveaux**

s'habiller : mettre ses habits, ses vêtements.

permission : Sandrine a demandé à sa mère la permission d'aller chez Georges. Elle lui a demandé : « Maman, est-ce que je peux aller chez Georges ? » Son père lui a refusé la permission : il n'a pas laissé Sandrine aller chez Georges.

raccompagner = r + accompagner : conduire quelqu'un jusqu'à sa maison ou aller avec quelqu'un qui rentre chez lui.

une surprise-partie

se réveiller — un réveil

LES COULEURS DE LA VIE

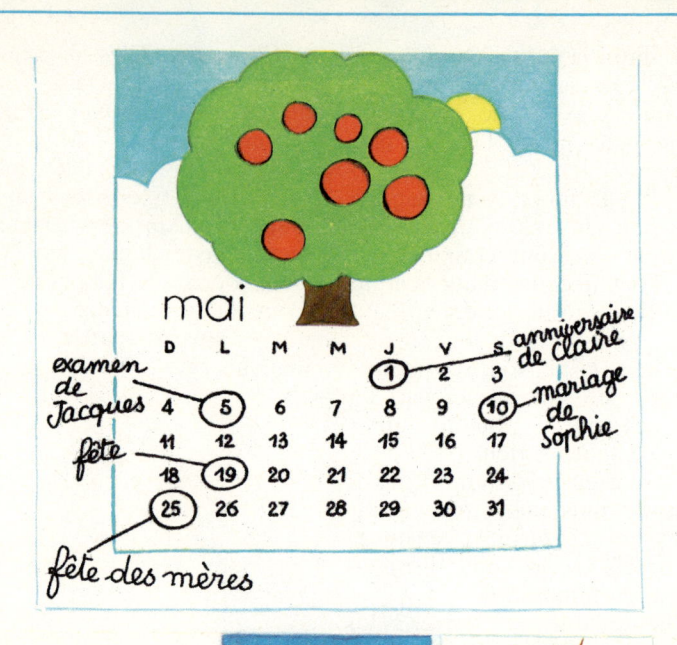

leçon 19

L'ÉTÉ INDIEN

On ira
où tu voudras,
quand tu voudras.
Et l'on s'aimera encore
lorsque l'amour sera mort.
Toute la vie sera pareille
à ce matin
aux couleurs de l'été indien.

S. Ward — V. Pallavicini — P. Losito — S. Cutugno — P. Delanoë — C. Lemesle, avec l'aimable autorisation des Éditions April Music.

Le concours-photo

PHOTO-MAGAZINE a reçu beaucoup de photos. Bravo à tous : vous êtes très forts ! Voici les photos qui sont, à notre avis, les plus originales.

C'est à vous de dire maintenant qui gagnera le premier prix. Envoyez-nous vos réponses avant la fin du mois.

CONCOURS PHOTO

A

B

D C

114

des mots pour le dire

19

- **comment s'excuser?**

  Pardon,
  Excuse-moi... } j'ai oublié.
  Je vous prie de m'excuser.

- **comment remercier quelqu'un?**

  Merci bien/beaucoup.
  Un grand merci pour...
  C'est (très) gentil.
  Ça me fait plaisir.

- **comment féliciter quelqu'un**

  Bravo, tu as gagné!
  Félicitations!
  Toutes mes félicitations!

  (Tous mes) meilleurs vœux.
  Bonne fête!
  Joyeux anniversaire!

- **de l'amour...**

  Je t'aime.
  Je l'aime un peu, beaucoup...
  Elle est (vraiment) sympa!
  Je la trouve (très) sympathique.

- **... à la haine**

  Je ne t'aime pas.
  Je ne l'aime pas du tout.
  Il n'est (vraiment) pas sympa!
  Je le trouve (très) antipathique.

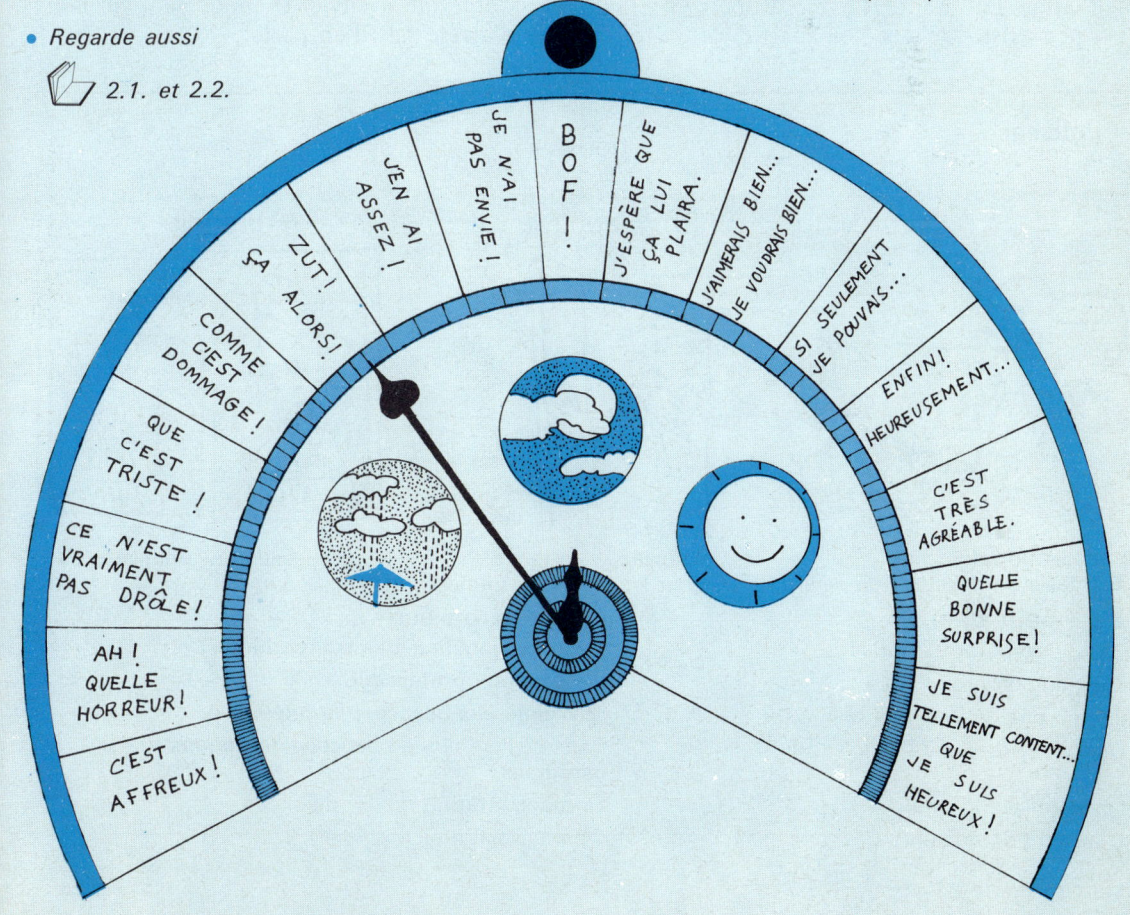

- *Regarde aussi*
  2.1. et 2.2.

ÇA ALORS! • ZUT! • J'EN AI ASSEZ! • JE N'AI PAS ENVIE! • BOF! • J'ESPÈRE QUE ÇA LUI PLAIRA. • J'AIMERAIS BIEN... JE VOUDRAIS BIEN... • SI SEULEMENT JE POUVAIS... • ENFIN! HEUREUSEMENT... • C'EST TRÈS AGRÉABLE. • QUELLE BONNE SURPRISE! • JE SUIS TELLEMENT CONTENT... QUE JE SUIS HEUREUX! • COMME C'EST DOMMAGE! • QUE C'EST TRISTE! • CE N'EST VRAIMENT PAS DRÔLE! • AH! QUELLE HORREUR! • C'EST AFFREUX!

Le retour

(Cinq fois cinq - V)

Aujourd'hui, les vacances sont finies : il faut rentrer. Bernard, Daniel, Guy, Muriel et Catherine ont quitté l'oncle Robert ; il était un peu triste de les voir partir : il va être maintenant bien seul dans son petit village... Les cinq jeunes gens sont allés en autobus à Bastia. Maintenant, ils sont sur le bateau qui va les conduire à Nice.
Muriel et Catherine s'ennuient un peu ; elles regardent la mer ; des oiseaux volent autour et poussent des cris aigus.
Bernard et Daniel visitent le bateau avec Guy. Au bout d'un moment, ils voient les deux filles en train de parler avec un inconnu : c'est un homme d'une quarantaine d'années, grand, avec des lunettes.
« Qui est-ce ? » se demandent-ils.
Ils vont s'asseoir à côté de leur table, mais Muriel et Catherine ne font pas attention à eux ; elles continuent leur conversation.
Bernard commence à en avoir assez.
« Qu'est-ce qu'il peut bien leur raconter ?
— Je ne sais pas, répond Daniel.
— C'est peut-être quelqu'un qui fait du cinéma, dit Guy. Vous savez, depuis qu'elle a rencontré Jo, Catherine a envie de jouer dans un film : elle n'arrête pas d'en parler.

- **pousser**

pousser
faire   # appuyer   # grandir

Pousser un cri = crier
(voir **faire un dessin** = dessiner)

Poussez la porte.
(pour l'ouvrir ou la fermer)

Ses cheveux **ont poussé** vite.

- **on peut dire...**

C'est un **type** très **sympa** !

C'est un bon **prof**.

J'aime **pas** beaucoup la **télé**.

Dans ce livre, il y a beaucoup de **B. D.**

La **manif** du 1er mai.

C'est un bon **copain**.

on dit et on écrit...

C'est un **monsieur** très **sympathique** !

C'est un bon **professeur**.

Je n'aime **pas** beaucoup la **télévision**.

Dans ce livre, il y a beaucoup de **bandes dessinées**.

La **manifestation** du 1er mai.

C'est un bon **ami**.

- Regarde aussi 1.1. et 1.4.

19

— Tu crois? Moi, ce type ne me plaît pas du tout. Je le trouve très antipathique. Il ressemble à un gars que j'ai déjà vu quelque part...
— Allons, dit Daniel, ne t'énerve pas, Bernard. On s'en va! »
Pendant toute la traversée, Bernard reste seul; il n'est pas content : il n'aime pas du tout que Muriel parle à des inconnus, mais il ne dit rien parce qu'il sait qu'elle a horreur de ça.
Vers 18 heures, une voix annonce au haut-parleur que le bateau va bientôt arriver. Les voyageurs prennent leurs valises et se dirigent vers la sortie. Bernard et Daniel ne parlent pas; Muriel et Catherine sont très gaies.
« Alors, vous avez fait un bon voyage? » demande Guy.
— Très bon, et vous?
— Oh, Bernard, il n'a pas...
— Guy! crie Bernard, tu vas te taire? »
Catherine sourit.
« Vous avez fini tous les deux? Est-ce que vous ne seriez pas jaloux de Maurice?

— Jaloux? répond Bernard, moi, pas du tout! Mais qui c'est, ce Maurice?
— Ah, Maurice, c'est un type très sympa! dit Muriel. Tu ne l'as jamais vu, Bernard?
— Euh... non, je ne crois pas.
— Maurice Verdier. Il a une fille de notre âge : Anne, tu ne te rappelles pas? Tu sortais tout le temps avec elle l'an dernier.
— Allons, si nous parlions d'autre chose? » propose Daniel.
Une heure après, ils sont descendus du bateau. Une jeune fille court vers M. Verdier et s'arrête devant Bernard.
« Oh, dit-elle, tu étais là? Je ne savais pas. Viens, je vais te présenter à mon père. Je suis sûre qu'il sera très heureux de te connaître! »
Muriel va vers Daniel en riant et lui dit à l'oreille :
« Ah, oui! il va être heureux : c'est lui le nouveau proviseur de son lycée... »

Fin

- **anti-**

   sym pathique ≠ anti pathique

anti- = contre.
Une manifestation **antinucléaire** : une manifestation **contre l'énergie nucléaire**.
Il a mis un **antivol** sur sa voiture : un appareil **contre le vol** (et les voleurs).

- Regarde aussi 1.2.2.

- **un s ou deux s?**

Rappelle-toi :

pou**ss**er	vi**s**iter
s'a**ss**eoir	vali**s**e
embra**ss**er	mauvai**s**e
intére**ss**ant...	pré**s**enter...

Attention, ces mots ne s'écrivent pas et ne se prononcent pas de la même façon.

- **des mots nouveaux**

continuer : ne pas arrêter quelque chose qu'on a commencé.
Exemple : **Continuer** une conversation, **continuer** à parler.

s'énerver
Exemple : Il n'a pas de patience : il **s'énerve** facilement.

jaloux : celui qui voudrait avoir quelque chose qui est à un autre.
Exemple : Hélène est un peu **jalouse** de son petit frère (voir p. 76).

proviseur : directeur d'un lycée.

QUE LISENT-ILS ?

Matthias et Susan ont demandé à leurs amis français quels journaux ils lisaient.

Moi, dans un journal, je cherche des reportages sur les grands problèmes ; je veux mieux comprendre la vie. Je suis abonnée à ■.

Tout ça, moi, ça ne m'intéresse pas beaucoup. Je préfère ■, j'y trouve tout sur mes chanteurs préférés, sur leur vie, sur leurs goûts. Il y a des posters, des concours. C'est super !

Mes copains et moi, nous sommes des fans du rock, nous voulons connaître les derniers groupes anglais. Alors nous prenons ■. Et puis, j'aime les B. D. Alors j'achète toujours ■.

MIREILLE
15 ans.
Elle aime parler avec des amis, avec des gens qu'elle rencontre.

PATRICE
14 ans.
Il sait jouer de la guitare. Son chanteur préféré est Alan Stivell...

CHRISTIAN
15 ans.
Écoute les émissions de rock au foyer du collège.

Je lis les journaux sur le sport : ■ un hebdomadaire parce que j'aime la moto ; ■ pour le foot, et « l'Équipe » que mon frère achète tous les jours.

Moi, j'adore m'occuper de mes robes, de mes jeans, de ma chambre. J'aime aussi faire la cuisine, recevoir mes amis être une jeune fille, quoi ! Avant je lisais « Djin » maintenant, je lis ■.

Tous les mois j'achète ■

On y trouve beaucoup d'idées, de conseils, de reportages.

YVES
15 ans.
C'est le champion de tennis du collège.

CATHERINE
14 ans.
C'est elle qui faisait souvent la cuisine en Corse.

GUY
12 ans.
A toujours beaucoup d'idées.

Vous en saurez beaucoup plus en lisant les six pages qui suivent...

leçon **20**

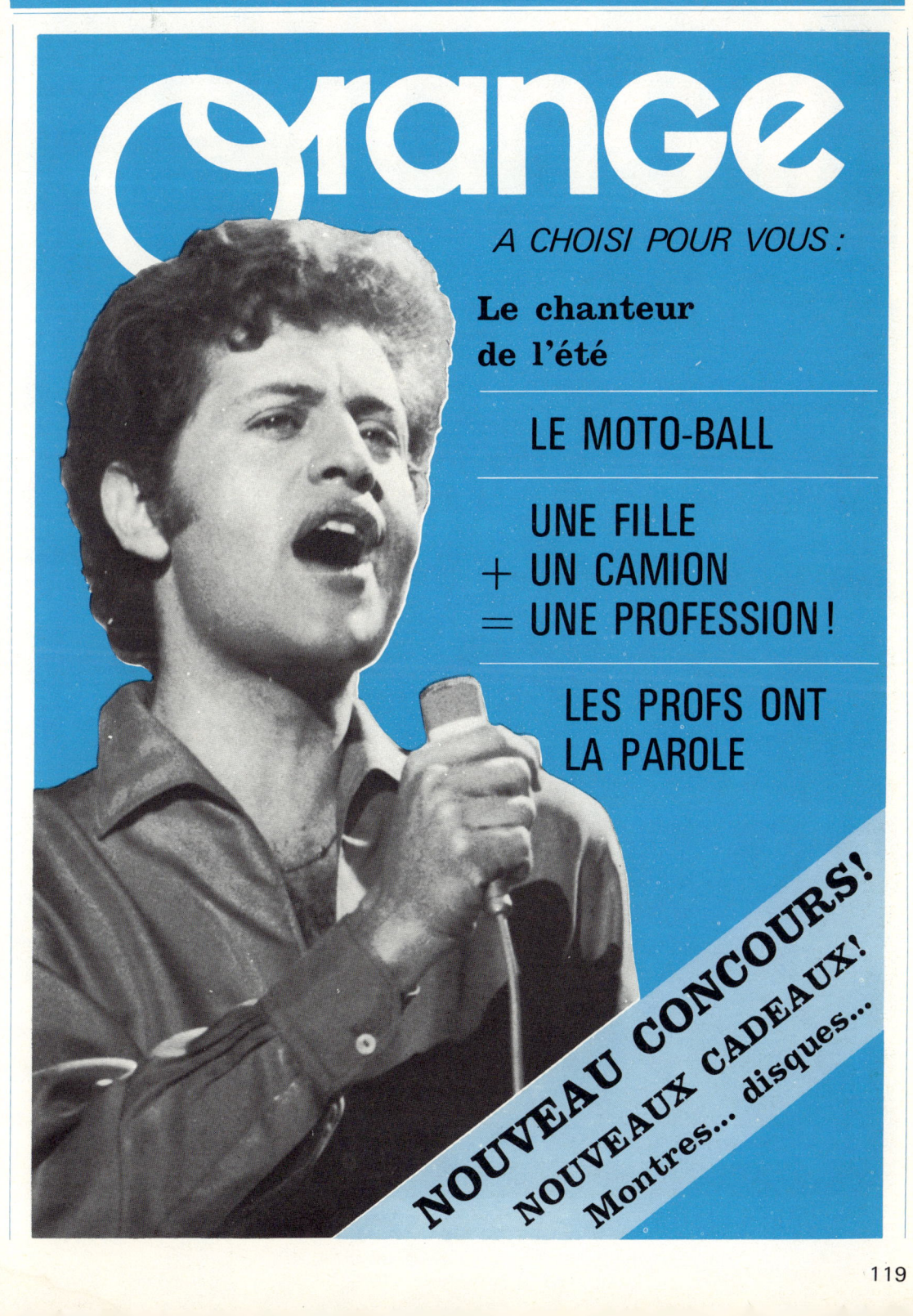

Orange

A CHOISI POUR VOUS :

Le chanteur de l'été

LE MOTO-BALL

**UNE FILLE
+ UN CAMION
= UNE PROFESSION !**

LES PROFS ONT LA PAROLE

**NOUVEAU CONCOURS !
NOUVEAUX CADEAUX !
Montres... disques...**

119

LE MOTO-BALL

Pour ceux qui sont aussi bien sur leur moto que sur un terrain de football : un seul sport, le moto-ball.
Ce sport, peu connu, est né, dit-on, en France, il y a une cinquantaine d'années. Sur leurs vieilles machines, nos grands-parents ont joué leurs premiers matches : au début, on a ri, puis on a aimé.

Un sport très spectaculaire.

...les passes non plus.

On joue au moto-ball sur un terrain de football, mais ça ne fait pas plaisir à tout le monde. Les vrais footballeurs n'aiment pas les trous que font les motos.

Pas facile, les dribbles...

20

Journée difficile pour l'arbitre !

Le problème, c'est de garder le ballon sans tomber.

Comment jouer

Une équipe de moto-ball a cinq joueurs : trois avants, un arrière et un gardien de but. Le gardien de but est le seul « piéton » de l'équipe. Des mécaniciens sont là pour réparer les motos si elles tombent en panne.

Dans un match, il y a quatre parties : la première et la dernière de 25 minutes ; la deuxième et la troisième de 20 minutes.

On n'a pas le droit de toucher le ballon avec la main. On ne doit pas non plus arrêter la roue de son adversaire avec le pied, garder le ballon ou couper la route à un adversaire pour le faire aller moins vite. Les motos ne doivent pas avoir plus de 250 cm^3 et plus de 2 mètres de long.

Le moto-ball est un sport rapide. Marquer des buts à 80 kilomètres à l'heure, ça c'est du sport !

Pour tout renseignement sur ce sport peu connu : Fédération française du motocyclisme, 36, rue d'Hauteville 75010 Paris.

D'après *Formule 1*, n° 19, 10-5-78, Fleurus, Paris — Reportage J.-Y. Ruszniewski-Vandystadt.

121

jeunes d'aujourd'hui

Les jeunes pensent à demain

Un camion avec 3 500 kilos d'appareils haute fidélité. C'est Viviane, 25 ans, sonorisatrice, qui le conduit...

Si je suis la seule femme sonorisatrice, c'est peut-être parce que les autres n'ont pas pensé à cette profession... Il faut seulement avoir un permis de conduire les camions, acheter un camion, le remplir d'appareils et... aimer les voyages.

Il faut aussi connaître la musique. Viviane n'a pas fait d'études, mais elle avait des amis musiciens qui l'ont aidée. Au début, explique-t-elle, je faisais les soirées et les fêtes dans les maisons des jeunes; puis je me suis occupée d'un petit groupe de chanteurs. J'avais besoin de matériel mais je n'avais pas d'argent, j'ai attendu deux ans, et enfin j'ai pu payer. Aujourd'hui j'ai 180 000 F de matériel dans mon camion. Ce métier n'est pas facile. Viviane dit qu'il faut être libre, c'est-à-dire ne pas être marié, aimer les voyages, aimer rencontrer les gens. Bref, être toujours prêt à partir.
En un mois, elle fait dix à quinze grandes soirées. En France, bien sûr, mais aussi à l'étranger : Suisse, Belgique, Espagne, etc.

(D'après *Quinze Ans,* n° 140, mai 1971, S.P.E.)

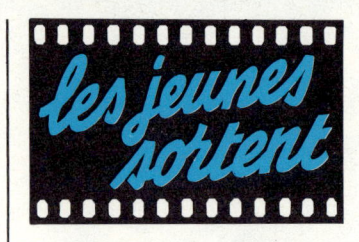

les jeunes sortent

L'Amour en herbe

Film français de Roger Andrieux

« L'Amour en herbe », c'est l'amour quand on a seize ans. C'est l'histoire de Martine et Marc, c'est ton histoire, c'est mon histoire.
C'est une histoire simple parce qu'ils sont ensemble tous les deux; c'est une histoire qui n'est pas simple parce qu'il y a l'école, le travail, les parents... les problèmes !
« L'amour en herbe », ce n'est pas une histoire de gentils et de mauvais, c'est une histoire de tous les jours.

du côté des profs

vos profs parlent de vous...

Élèves, le savez-vous ? Oui, vous qui vivez tous les jours avec vos professeurs, savez-vous comment ils vous voient ? Jacinte leur a posé des questions. Voici leurs réponses :

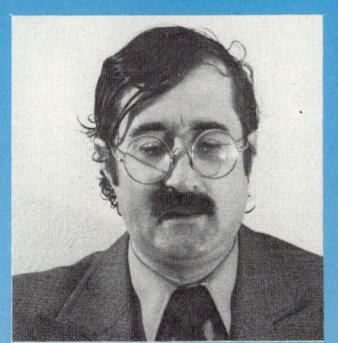

MARCEL
Professeur d'anglais
quarante ans

Mes élèves, ils sont comme ils sont. Quelquefois gentils, quelquefois mauvais. Il faut les écouter, en classe et après la classe. Être professeur, ce n'est pas seulement faire une leçon et après, s'en aller.
Alors, je cherche, j'écoute, j'aide. Je vois des élèves, petits et grands, qui ont peur, qui restent là, cachés par leurs cheveux ou leurs lunettes. Ils devraient sortir de leur trou, ils devraient participer.
J'avais une élève de quatorze ans qui ne disait jamais rien. Et puis un jour, elle m'a demandé de jouer un dialogue en anglais avec un masque. Pendant un an, elle a gardé le masque. Et puis elle a fini par jouer sans masque. C'était quelqu'un d'autre !

DOROTHÉE
Professeur de dessin
trente-huit ans

Les filles entre quatorze et seize ans ont déjà beaucoup réfléchi ; elles savent s'habiller, elles ont du goût. Mais si on n'est pas content d'elles, il ne faut pas le dire : elles n'aiment pas ça du tout ! Les garçons eux, ils sont souvent plus timides.
Garçons ou filles ne comprennent pas qu'ils ne savent presque rien. Ils ont tout vu à la télé... qui ne leur apprend rien ! Nous, nous nous posons la question : « Je n'aime pas. Pourquoi ? » Eux, ils décident : « Ça ne me plaît pas. Un point, c'est tout. »

GÉRARD
Professeur
de mathématiques
vingt-six ans

Je suis un des professeurs les plus jeunes. Au début, j'avais un peu peur. Maintenant, c'est fini. Personne ne me dérange !
J'ai deux groupes d'élèves : ceux qui travaillent et les autres... qui sont souvent des filles. Expliquer à une fille à quoi ça sert les maths, ce n'est pas toujours facile.
En maths, on connaît moins bien les élèves : on explique et on interroge. Il n'y a pas de discussion. Alors j'essaie de connaître mes élèves pendant les activités sportives ou les sorties. C'est difficile, mais ça vaut la peine. Mon but : rester jeune en comprenant les jeunes.

(D'après *Jacinte*, n° 36, sept. 1978.)

le temps qui court... qui court... qui court... qui

L'AIR PUR

Qu'est-ce que c'est ?
Un appareil de chauffage, une boîte aux lettres ? Non, tout simplement un appareil pour enlever la poussière de l'air des rues de Paris. 110 millions de mètres cubes d'air pur par an !

Les Français et leurs animaux

Les Français aiment les animaux. Lisez plutôt : ils ont 14 500 000 chiens et chats, 4 850 000 oiseaux, 1 500 000 tortues, 3 000 000 de poissons rouges et 5 800 000 hamsters !

du côté des sciences

L'eau douce manque de plus en plus. Il y a des pays qui n'en ont pas du tout, comme l'Arabie Séoudite. Il faut alors enlever le sel de l'eau de mer. Mais cela coûte cher ! Le savant français Paul-Émile Victor vient d'avoir une idée : pourquoi ne pas chercher de la glace au pôle Sud ? On couperait un très grand morceau de glace et on le tirerait avec des bateaux. Et cette eau coûterait deux fois moins cher. On va essayer bientôt. A suivre...

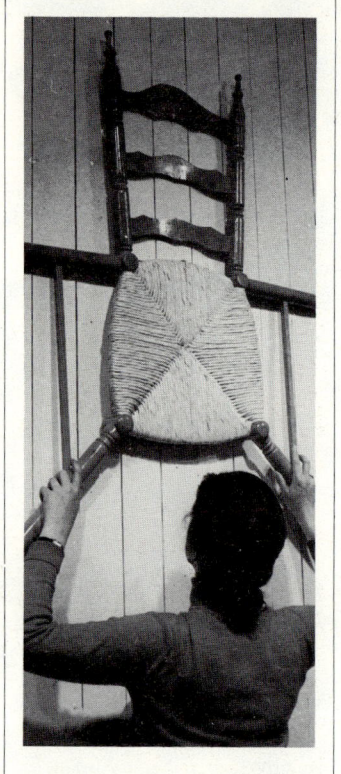

Quatre pieds, un carré pour s'asseoir, un dos... cela fait une chaise. Pas toujours ! Regardez cette chaise à l'exposition des objets introuvables.

A GAGNER
100 DISQUES
100 MONTRES

Voici pour vous, chers amis, un concours amusant !

1. Nous avons oublié 5 mots dans les phrases d'une chanson que vous connaissez tous. Cherchez bien.

On ira où tu ... quand tu voudras et l'on ... encore lorsque ... sera mort. Toute la ... sera pareille à ce matin aux couleurs de l'été ...

2. A qui sont ce nez, cette bouche, ces cheveux ? A vous de les découvrir. Mais vous connaissez tellement bien vos chanteurs préférés !

lire les journaux de jeunes... 20

Plus de 25 titres. Dix millions de lecteurs.

Où acheter ces journaux ?

dans un kiosque

dans une maison de la presse

Quelques Français reçoivent leurs journaux par la poste. Ils sont abonnés.

Essaie de retrouver les journaux que lisent les jeunes Français
(voir p. 118).

Et toi, que préfères-tu ?

125

1. d'un mot à un autre

1.1. Les mots n'ont pas toujours le même sens.

un accent aigu	des cris aigus	aller au café	boire un café
Cher ami,	C'EST CHER! 500000€	La cour du collège	La cour du roi de France
E. Merckx a gagné beaucoup de courses	Elle fait ses courses au supermarché	Martine est la femme de Jean Chevalier	C'est une jolie femme
Dans ce groupe, il y a autant de filles que de garçons	Françoise est la fille de Jean et de Martine	GRAND CONCOURS DE MOTS CROISÉS — 2ème PRIX BERNARD CHEVALIER	LE MEILLEUR AU MEILLEUR PRIX!
un appartement de 2 pièces	des pièces de monnaie		une pièce de théâtre
Il est en retard : il n'a pas le temps	Il fait beau temps	un 45 tours	le Tour de France

Attention aussi aux mots **arrêter** et **s'arrêter** *(voir p. 62)*, **bout** *(p. 87)*, **caisse** *(p. 20)*, **carte** *(p. 56)*, **conduire** *(p. 81)*, **guide** *(p. 105)*, **monnaie** *(p. 20)*, **pauvre** *(p. 105)*, **personne** *(p. 20)*, **poste** *(p. 20)*, **pousser** *(p. 116)*, **train** *(p. 110)*, **vers** *(p. 39)*, **vol** et **voler** *(p. 62)*.

1.2. En ajoutant quelques lettres à un mot, on a un mot nouveau.

1.2.1. Derrière un mot : *Exemple :* 2, 3, 4, ... → deux**ième**, trois**ième**, quatr**ième**, ...
- **-aine** : *Exemple :* trente → trent**aine** *(voir p. 104)*
- **-ée** : *Exemple :* arriver → arriv**ée**; traverser → travers**ée** *(voir p. 44)*
- **-er** : *Exemple :* sucre → sucr**er**; voyage → voyag**er** *(voir pp. 8, 69)*
- **-eur** : *Exemple :* acheter → achet**eur**; jouer → jou**eur** *(voir pp. 8, 92)*
- **-ment** : *Exemple :* doux → douce**ment**; lent → lente**ment** *(voir p. 57)*
- **-tion** : *Exemple :* inviter → invita**tion**; réparer → répara**tion** *(voir p. 21)*

Comment s'appellent-ils ?

● **les professions**

● **les pays et leurs habitants**

-eur, -euse
un chanteur, une chanteuse

-teur, -trice
un acteur, une actrice
un directeur, une directrice
un inspecteur, une inspectrice
un moniteur, une monitrice

-ier, -ière
un ouvrier, une ouvrière
un pâtissier, une pâtissière

-ant, -ante
un commerçant,
   une commerçante
un étudiant, une étudiante
un surveillant, une surveillante

-ien, -ienne
un gardien, une gardienne,
un mécanicien,
   une mécanicienne

-eur
auteur
contrôleur
coureur
docteur
facteur
ingénieur
professeur
proviseur

-ier
policier
pompier

-iste
garagiste
journaliste

-in
marin
médecin

-ais, -aise
France : Français
Angleterre : Anglais
Hollande : Hollandais
Irlande : Irlandais
Japon : Japonais
Pologne : Polonais
Portugal : Portugais

-ain, -aine
Afrique : Africain
Amérique : Américain
Maroc : Marocain
Roumanie : Roumain

-ois, -oise
Chine : Chinois
Danemark : Danois
Luxembourg :
           Luxembourgeois
Québec : Québécois
Suède : Suédois

-ien, -ienne
Algérie : Algérien
Autriche : Autrichien
Brésil : Brésilien
Italie : Italien
Inde : Indien
Norvège : Norvégien
Tunisie : Tunisien

⚠️ **Autres pays :**

Allemagne : Allemand, Allemande
Belgique : Belge
Bulgarie : Bulgare
Espagne : Espagnol, Espagnole
Europe : Européen, Européenne
Grèce : Grec, Grecque
Suisse : Suisse, Suissesse
Union Soviétique : Soviétique.

⚠️ Il y a aussi des astronautes, écrivains, employé(e)s, guides, ministres, secrétaires, soldats...

1. d'un mot à un autre

1.2.2. Devant un mot : *Exemple* : midi → **après**-midi
anti- : *Exemple* : **anti**pathique, **anti**nucléaire, **anti**vol *(voir p. 117)*
im- ou **in-** : *Exemple* : **im**patience, **im**possible, **in**admissible, **in**connu, **in**trouvable *(voir p. 45)*
re- ou **r-** : *Exemple* : **re**chercher, **re**commencer, **re**faire, **re**lire, **re**monter, **re**ntrer, **re**partir, **re**prendre, **re**trouver, **re**venir, **re**voir *(voir p. 45)*
sous- : *Exemple* : **sous**-vêtements
super- : *Exemple* : **super**marché

1.3. Avec deux mots, on a quelquefois un troisième mot!

Exemple :

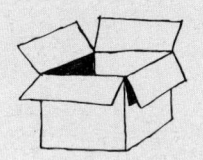

Voici une boîte.    Voici des lettres.    Et voici une boîte aux lettres!

nom + nom	**nom + adjectif**	**verbe + nom**
appareil-photo	bande dessinée	machine à écrire
auto-stop	carte postale	machine à laver
bonhomme de neige	dessins animés	ouvre-boîte
bureau de tabac	grands-parents	porte-clés
carte d'identité	haut-parleur	taille-crayon
ciné-club	mots croisés	tourne-disques
gardien de but	objets trouvés	
science-fiction	table ronde	
syndicat d'initiative		

1.4. Mais quelquefois, on n'écrit pas tout le mot : il faut savoir le retrouver!

av. : avenue
bd : boulevard
Ex. : exemple
M. : Monsieur
Mlle : Mademoiselle
Mme : Madame
MM. : Messieurs

p. : page
pp. : pages
P.-S. : post-scriptum
S.V.P. : s'il vous plaît
% : pour cent
F : franc
kg : kilo(gramme)

km : kilomètre
m : mètre
cm^3 : centimètre cube
h : heure
mn : minute
s : seconde
km/h : kilomètre par heure

On dit aussi une **B.D.** (bande dessinée), les **maths** (mathématiques), une **manif** (manifestation), un **prof** (professeur) **sympa** (sympathique), la **télé** (télévision), etc.
Tu sais enfin qu'en France, les **P.T.T.** (ou **P. et T.**), c'est la poste, la **S.N.C.F.** le train, la **R.A.T.P.** et le **R.E.R.** le métro ou l'autobus à Paris.

1.5. Quelquefois enfin, le français prend des mots à d'autres langues...

À l'anglais par exemple (**camping, club, dribble, fan, football, hit-parade, jazz, jean, parking, poster, rock, sandwich, short, steak, western...**), mais aussi à l'italien (ex. : **pizza**), au norvégien (ex. : **ski**), au bulgare (ex. : **yaourt**), etc.

1.6. des mots à retenir

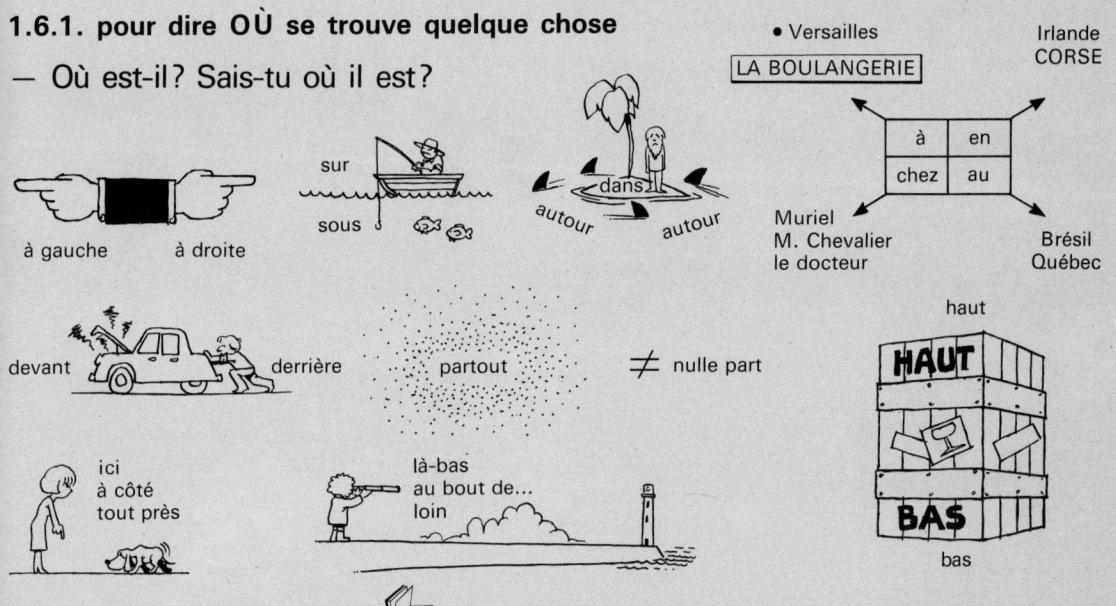

1.6.1. pour dire OÙ se trouve quelque chose
— Où est-il? Sais-tu où il est?

à gauche — à droite — sur — sous — dans — autour — autour

• Versailles   Irlande / CORSE
LA BOULANGERIE

à	en
chez	au

Muriel / M. Chevalier / le docteur   Brésil / Québec

devant — derrière — partout — ≠ nulle part

ici / à côté / tout près — là-bas / au bout de... / loin

haut — bas

Regarde aussi pp. 44, 86-87 et 📖 *4.* **les verbes** : aller, s'arrêter, arriver, courir, descendre, se diriger, entrer, habiter, monter, remonter, rentrer, rester, revenir, sortir, trouver, venir.

Pour ne pas répéter : **Y**

Exemple : Je préfère lire *PODIUM*. J'**y** trouve tout.   *(Voir pages 109 et* 📖 *3.4.)*

1.6.2. ... et QUAND ça se passe

Ils vont en Corse...	Quand ?	quand les classes finissent, tous les étés, à partir du 15 juillet, (vers) le... dans une semaine, dimanche prochain...
	Jusqu'à quand ?	jusqu'au 10 septembre / à la fin des vacances
	Pendant combien de temps ?	pendant 2 mois / les vacances
Ils sont en Corse	Depuis quand ? (depuis combien de temps ?)	depuis le 15 juillet / depuis deux semaines
	Jusqu'à quand ?	jusqu'au mois de septembre
Ils sont allés en Corse	Quand ?	l'été dernier / en 1979 / en juillet et en août / après le collège
	Pendant combien de temps ?	pendant 2 mois
	Il y a combien de temps ?	il y a 15 jours / longtemps

2. la phrase

2.1. une phrase, c'est une idée...

Je peux dire :

> Il chante en breton !

Elle est blonde.
Elle a les yeux bleus.

Mais je peux ajouter quelque chose à cette idée :

Je peux poser une question. *(Voir pages 61 et 103)*

> Est-ce qu'il chante en breton ?

Veux-tu être ma correspondante ?
Comment s'appelle ta dernière chanson ?
Vous connaissez Duval Jeanne **?**
Est-ce que je loue mes chaussures ici ?
Quelle chanson va-t-il chanter ?

Je voudrais savoir
comment...,
où...,
quand...,
pourquoi...,
combien...

Je peux donner un ordre.

> Chantez en breton !

C'est l'impératif *(Voir pages 29, 31 et 5.)*
Travaille, sois gaie, sors avec tes camarades, amuse-toi, et ne pense pas toujours à lui.

Je peux être étonné, content ou mécontent. *(Voir pages 79, 109, 115.)*

> Il chante en breton !

Ce n'est pas possible, Monsieur !
Quelle horreur !
Je suis **tellement** content !

Je peux dire que ce n'est pas vrai. *(Voir pages 31, 55.)*

> Il ne chante jamais en breton.

Lui **non plus**, il **ne** sait **pas** pourquoi...
Je n'ai **rien** dit.
Il n'y a **plus rien**.
C'est **im**possible.

Je peux souligner des mots dans la phrase. *(Voir page 43.)*

> Lui, il chante en breton.

C'est en breton **qu'**il chante.
C'est en été **qu'**il faut apprendre les langues étrangères.
Nous les garçons, on a préféré rester.

2.2. Ça se complique ! Regarde.

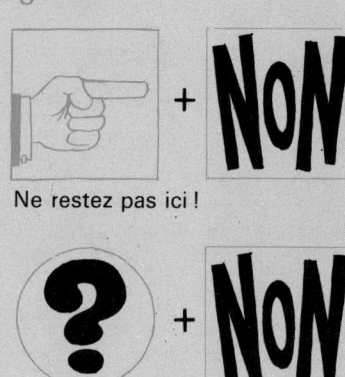

Ne restez pas ici !

Je ne vous dérange pas ?

Moi, je n'ai rien gagné.

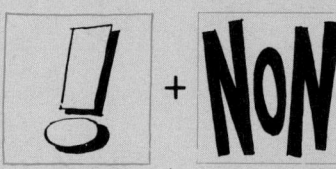

Ces quinze jours ne vont pas être très gais !

Ce n'est pas là qu'on mange ?

3. le groupe du nom

3.1. Que peut-on trouver `avant` le nom ?

tout	le	temps
toute	la	famille
tous	les	voyageurs
toutes	les	grandes villes
beaucoup / un peu / plus moins trop	d'	habitants
autant	de	questions

(Voir p. 37.)

une / sa	carte d'identité		était dans le couloir
cette / la	carte d'identité	**de** Jeanne Duval **que** Patrice et Sophie ont trouvée	
	celle		
	celle-ci / elle	*(Voir p. 68 et 3.4.)*	

Rappelle-toi !

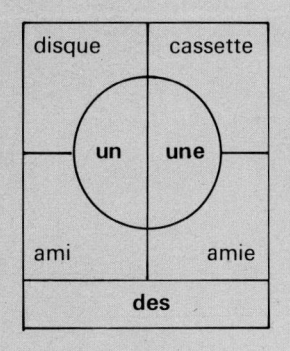

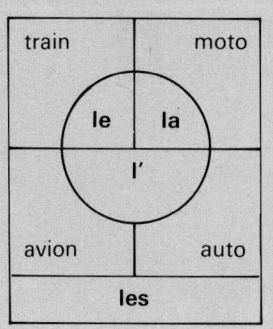

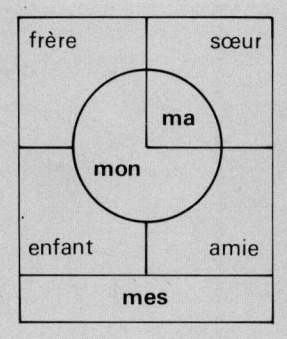

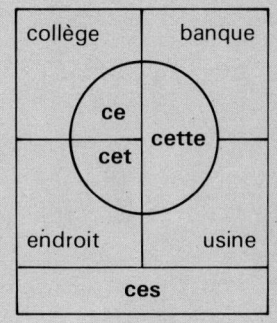

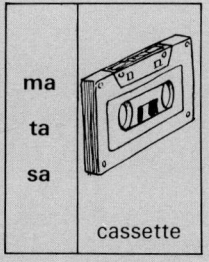

disque	cassette
un	une
ami	amie
des	

train	moto
le	la
l'	
avion	auto
les	

frère	sœur
mon	ma
enfant	amie
mes	

collège	banque
ce / cet	cette
endroit	usine
ces	

mon ton son	disque
ma ta sa	cassette
mes tes ses	
notre votre leur	
nos vos leurs	

(Voir p. 15.)

132

3.2. Et après le nom... des mots pour en dire plus.

A

le nom	de la / du	rue / village
le journal	des	spectacles
le collège	de	Saint-Denis
son correspondant	d'	Allemagne

un voyage	en	avion
le fromage		tube
votre machine	à	laver / écrire

B Encore **après**...

un succès   extraordinaire
des vacances   agréables
des chemises   rouges
un ami   français
les filles   tristes

Regarde page 37 :
C'est le musée **le plus important**
une vie **moins chère**

mais quelquefois **avant**
avec
↓

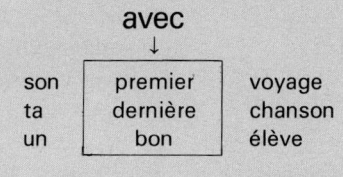

son   premier   voyage
ta   dernière   chanson
un   bon   élève

grand   petit   beau   autre
jeune   vieux mauvais gros

le plus beau magasin de Paris

C Toujours **après** :

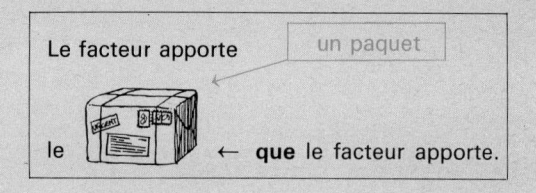

le paquet vient de Bretagne
le → **qui** vient de Bretagne

Le facteur apporte un paquet
le ← **que** le facteur apporte.

	masculin	féminin
singulier	QUI	
pluriel		

	masculin	féminin
singulier	QUE (QU')	
pluriel		

Ils complètent le nom avec une phrase :

　　　　ces gestes **QUI** → tuent.
　　　　les questions ← **QU'**on lui pose.
　　　　Guy **QUI** → a toujours beaucoup d'idées...
　　　　la maison ← **QUE** vous voyez là-bas.

3.3. Ça se complique !

(Voir pages 7, 31.)

A + B　　　ta **belle** carte **du Mont-Blanc**
B + B　　　un **petit** immeuble **tranquille**
B + C　　　un **jeune** homme très **maigre qui danse d'une jambe sur l'autre**
A + B + C　des groupes **de jeunes qui passent des vacances agréables.**

3. le groupe du nom

3.4. Ils peuvent **remplacer** un nom...

il	ils
elle	elles
celui-ci	ceux-ci
celle-ci	celles-ci

L'Inspecteur Dupin arrive : **il** commence à interroger Mlle Vigneau mais **elle** n'a rien vu.

Ce gâteau était bon, **celui-ci** demandait trop de temps.

(Voir p. 68 et ☞ 3.1.)

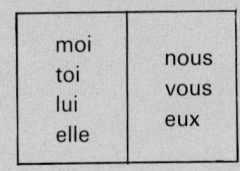

moi	
toi	nous
lui	vous
elle	eux

Bernard reste tout le temps avec **elle**.
On parle de **lui** depuis un mois.
Ce n'est pas **moi**, c'est **lui** qui a eu l'idée.
Sans **eux**, nous ne pouvons pas vivre. *(Voir p. 43.)*

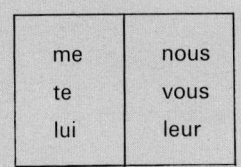

me	nous
te	vous
lui	leur

La pauvre femme... on **lui** a volé son argent.
Il **leur** fait un peu peur (**leur** : à Bernard et Guy).
J'ai le plaisir de **vous** présenter...
Pourriez-vous **m'**envoyer des adresses ?

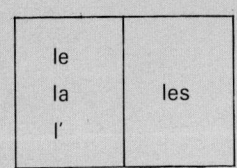

le	
la	les
l'	

Écoutez-**la**.
L'eau, on **l'**a oubliée !
Vous aimez les fleurs ? Laissez-**les** vivre.
Va **le** chercher.

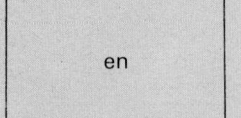

en

J'avais 20 élèves. Cette année, j'**en** ai 6.
Les Parpazannais ont annoncé la nouvelle. Le lendemain, les journaux **en** ont parlé (**en** = de la nouvelle).

y

J'allais | au bal / à la ville
à Champagnac / en Corse
chez mon oncle | je n'**y** vais plus. *(Voir p. 109.)*

⚠️ Un mot qui ne veut pas toujours dire la même chose !

on

On vous donnera un lit.
(**on** = « quelqu'un » ou « ils »)

Nous les garçons, **on** a préféré rester à la maison.
(**on** = « nous »)

4. le groupe du verbe

Que peut-on trouver après un verbe?
un nom* ou un adjectif // un infinitif // <u>que + une phrase</u> // quelquefois rien du tout.

* qqn = quelqu'un
  qqch. = quelque chose.

Voici tous les verbes que tu connais (avec des phrases de ton livre).

accepter	j'accepte.	arriver	il arrive // à quatre heures / à Paris.
acheter	un plan de la ville // qqch. **à** qqn.	articuler	articulez!
adorer	la campagne // écrire.	s'asseoir	**à côté de** qqn / **devant** la télé / Il est assis **à** sa place / **sur** un rocher.
s'adresser	**à** un employé / **à** l'Institut Pasteur.		
agréer	l'expression de...	attaquer	la banque.
aider	qqn // **dans** la maison.	attendre	j'attends ta réponse / qqn // **devant** la caisse // une demi-heure.
aimer	la musique / qqn // parler.	avancer	**de** trois cases // j'avance lentement.
ajouter	qqch.		
aller	**au** collège / **à** la poste / **dans** une pharmacie / **de** Paris **à** Lyon / **en** Corse / **chez** son oncle / **chez** un médecin / **en** vacances / **vers** eux / **avec** toi / **jusqu'au** bout du champ // se coucher.	avoir	15 ans // la télévision // chaud / mal **à** / mal **aux**... // les cheveux bruns // Vous **en** avez pour 2 minutes.
		avoir l'air	sympa.
		avoir besoin	**d'**un vaccin // **de** respirer.
		avoir le droit	**de** parler.
aller	bien / mal.	avoir envie	**d'**autre chose // **de** partir.
aller chercher	qqn à l'aéroport.	avoir horreur	**de** ça.
aller voir	son amie.	avoir peur	**de** parler.
s'en aller	**vers** qqn / **vers** qqch.	avoir le plaisir	**de** vous présenter...
		avoir raison / tort	
s'amuser	je m'amuse / amuse-toi.		
annoncer	une nouvelle // <u>que le bateau va arriver.</u>	bavarder	**avec** qqn.
		se blesser	vous vous êtes blessé.
apercevoir	un jeune homme.	boire	il boit.
appeler	les réclamations / un médecin.	brancher	il faut brancher l'appareil.
s'appeler	je m'appelle Patrice // ça s'appelle un échange.	brûler	qqch. // la forêt brûle.
		se brûler	vous vous êtes brûlé.
apporter	le courrier / qqch. **à** son propriétaire.		
apprendre	le français // **à** qqn **à** adorer la musique.	cacher	qqch. **avec** du papier.
		changer	**de** l'argent // **de** nom // son jean **en** short.
appuyer	il faut appuyer.	chanter	une chanson // **en** français.
arrêter	le voleur // la roue **avec** le pied // ne pas arrêter **de** parler.	chauffer	faire chauffer le vin blanc.
s'arrêter	il y a assez de place pour s'arrêter // **à** toutes les gares / **dans** toutes les grandes villes.	chercher	une adresse (**dans** l'annuaire) / du travail / un correspondant // pendant une heure / partout.

4. le groupe du verbe

choisir	un film.	devoir	faire un exposé.
commencer	une lettre // à chanter // par se regarder.	dire	bonjour (à qqn) // pourquoi... / comment... // de ne pas rester // qu'ils boivent un peu trop.
comparer	pour mieux comparer.		
compléter	les questions.	se disputer	ils se disputent.
composer	le numéro.	se distraire	savoir se distraire.
comprendre	ils ont compris // qqn // pourquoi ils n'ont pas... // qu'ils ne savent rien.	donner	la main à ses parents // son nom/des renseignements // de ses nouvelles à qqn // son avis à qqn.
compter	l'argent.		
conduire	une voiture / qqn à Nice.	dormir	elle dormait.
connaître	un garçon / la ville.	écouter	qqn / la radio.
continuer	une conversation // à parler.	écrire	au syndicat d'initiative // qu'ils ne pouvaient plus attendre.
contredire	qqn.	embrasser	qqn / je t'embrasse.
se coucher	tôt / tard.	s'énerver	ne t'énerve pas.
couper	un vêtement / qqch. en deux.	enlever	le sel de l'eau de mer / qqn (Catherine).
courir	ils courent // vers la porte / derrière qqn.	s'ennuyer	je me suis ennuyé.
coûter	cher / 7 francs.	entendre	il n'entend pas // un bruit // qqn qui... // dire // qqn entrer.
creuser	qqch. avec... (il creuse la terre avec sa bouche)		
		entrer	tu entres // dans la maison / dans une boulangerie / par la sortie de secours.
crier	ils crient.		
croire	à une histoire // que ce n'est pas la solution.		
		envoyer	une photo / qqch. (à qqn).
cuire	le gâteau est trop cuit.	espérer	que ça lui plaira.
danser	on dansera.	essayer	vous pouvez essayer // de parler.
se débrouiller	il faut savoir se débrouiller !		
déchirer	le linge.	étonner	qqn // ça m'étonnerait.
décider	de rentrer.	être	à... / chez... / sur... / du quartier // être gai / être bien. Yannis est un jeune Grec.
découvrir	le monde.		
décrire	qqn.		
défendre	c'est défendu.	être en train	il est en train de nettoyer l'appartement.
demander	un renseignement (à qqn) // comment on va à la poste // à qqn de choisir // à qqn où il va.		
		exagérer	ils exagèrent.
		excuser	excusez-moi.
se demander	combien ils sont.	expliquer	qqch. / tout à son père // à x qu'il a besoin de cigarettes // pourquoi ils occupent le magasin.
dépenser	son argent.		
déranger	tout le monde.		
descendre	à la rivière / dans une station / du bateau.		
		faire	beau // de l'auto-stop / des courses / des sandwiches / des études / du cyclisme (un sport) // attention (à...)
dessiner	dessine !		
détruire	la vie.		
deviner	vous devinez ? // le sens de... // pourquoi je suis en retard.		

(faire)	un tour / un voyage / 260 km / un concours // la mauvaise tête // un trou / un trait / une croix / des vers // un cadeau à qqn.	louer	des skis.
		manger	qqch.
		manquer	l'eau manque.
		marcher	sur les pieds // vite // ça marche.
faire peur	à qqn.	se marier	avec qqn.
faire plaisir	ça te ferait plaisir d'aller au cinéma / Ça fera plaisir à l'oncle de...	marquer	un but.
		mettre	qqn en prison / les branches sur l'âne / de l'eau dans un verre / le ballon dans les buts.
falloir	il faut un métro (gratuit) / de l'argent // travailler.		
féliciter	qqn.	se mettre	devant la glace // en jean // je n'ai rien à me mettre.
fermer	l'école // Beaucoup de magasins ferment à 13 h 30.		
finir	une lettre // par jouer.	monter	au premier étage / sur l'âne.
		montrer	Paris à qqn // je vais vous montrer.
fumer	il fumait.	mourir	ils meurent.
gagner	tu as gagné le premier prix / la course / 10 000 francs.		
		nager	ils nagent.
garder	un timbre / des enfants.	naître	il est né à...
s'habiller	elle s'habille vite.	nettoyer	qqch.
habiter	(à) New York / au 3ᵉ étage / dans le sud de l'Angleterre / près de chez moi.	occuper	un magasin.
		s'occuper	d'un petit groupe / de sa chambre.
hausser	les épaules.	organiser	une fête.
s'informer	savoir s'informer.	oublier	ses papiers / sa monnaie // de prendre de l'argent.
intéresser	qqn // Ça vous intéresse ?		
		ouvrir	un paquet / la fenêtre // Les banques ouvrent de 9 h. à...
s'intéresser	à qqch.		
interroger	qqn.	parler	on parlait de lui / avec lui / à qqn // portugais // très fort.
inviter	des amis (chez... à...) / qqn en Corse.		
		participer	à la vie des Français.
jeter	des boîtes dans la rivière.	partir	en vacances / avec lui // se promener.
jouer	ils jouent // de la guitare (instrument) // au football (sport) / aux cartes (jeu)		
		passer	deux semaines chez... / à... // par Châlons / à travers qqch. // un tour // à table / à la maison // le jean à la machine à laver // Le temps passe.
laisser	sa chambre à son cousin // qqn + adj. Ils me laissent libre // qqn parler.		
		se passer	en 1789 // à... / en France / dans le monde.
lancer	qqch.		
laver	les verres.	payer	des impôts / le métro // 15 francs par jour // cher // Voyager sans payer.
lever	les yeux.		
se lever	tôt / tard.		
lire	le journal / qqch. dans le journal.	penser	à un garçon / aux restaurants // que ça coûte...

4. le groupe du verbe

perdre	tu as perdu // du temps / ses droits.
peser	trop // x kilos.
piquer	ça pique.
se plaindre	ils se plaignent tous !
plaire	**à** qqn / ça me plaît.
se plaire	ici.
pleurer	elle pleure.
pleuvoir	il pleut.
porter	une épée / un habit.
poser	une question (**à** qqn) // le jean **sur** la table.
pousser	des cris / la porte // ça pousse.
pouvoir	répondre.
préférer	les maths (**à** l'histoire) // aller en Corse.
prendre	qqn (**en** auto-stop) // un verre / le soleil / un itinéraire // l'autobus (**pour**...)
préparer	le repas.
présenter	qqn (**à** qqn d'autre) / une pièce d'identité.
se présenter	(**à** qqn)
prier	d'agréer...
se promener	(**dans** le quartier...)
promettre	un centre **à** des jeunes // d'attendre.
prononcer	on prononce « pari ».
proposer	un jeu / qqch. **à** qqn // **de** payer.
protéger	les plantes / la nature.
protester	je proteste.
quitter	Paris / le collège / qqn.
raccompagner	qqn **en** moto.
raccrocher	il a raccroché.
raconter	une histoire **à** qqn.
se rappeler	rappelle-toi // que son père lui a dit...
recevoir	une lettre **de** qqn / un peu d'argent.
rechercher	qqn.
recommencer	le film // **à** travailler.
reculer	**de** cinq cases.
réfléchir	il réfléchit.
refuser	il a refusé // la parole // d'attendre.
regarder	qqn / la télévision // **dans** la glace.
regretter	je regrette.
relire	une phrase.
remercier	je te remercie **pour** ta carte / **de** votre lettre // qqn.
remonter	**vers** le village / **dans** leur appareil.
remplacer	qqn.
remplir	un camion **d'**appareils.
rencontrer	un ami.
rendre	x francs (de la monnaie) **à** qqn.
renseigner	qqn (**sur**...)
se renseigner	**au** syndicat d'initiative / **dans** son pays.
rentrer	**à** la maison / **à** Versailles / **chez** elle / **du** bureau.
renverser	un verre.
réparer	un vélo.
repartir	**à** pied.
répéter	vous pouvez répéter // qu'ils ont attendu trop longtemps.
répondre	elles répondent facilement // **à** qqn / **aux** questions // **par** oui ou **par** non.
réserver	une chambre.
respirer	respirez ! / vous respirez mal.
ressembler	**à** qqn / **à** une usine.
rester	**à** la maison / ici / **chez** toi // tranquille.
retourner	qqch. (des rochers).
retrouver	des amis.
réussir	**à** un examen.
se réveiller	elle se réveille.
revenir	**au** village / ici.
revoir	des amis.
rire	Maman rit.
saler	(la pâte)
salir	ne pas salir
sauter	faire sauter la crêpe.
savoir	où c'est / quand... / comment // jouer de la guitare // qu'ils perdent leur temps.

servir	ça sert **à** réparer... // ça ne sert **à** rien.	**traverser**	la rue / la rivière.
		tricoter	Marianne tricote.
se servir	**d'**un marteau.	**se tromper**	vous vous trompez // **de** route / **de** jour...
se soigner	savoir se soigner.		
sonner	il va sonner (**au** 3e étage) // les douze coups de minuit sonnent.	**trouver**	un timbre / un métier qqch. **à**... / **chez**... **dans**... / **sous**... // la porte ouverte / ça inutile // que les voitures sont chères.
sortir	est-ce que je peux sortir ? // sortir le soir // **de** la cuisine / **de** chez lui / **avec** des amis.	*se trouver*	là / **à**... / **sous**...
		tuer	les animaux.
souhaiter	la bienvenue.		
souligner	les mots.	**user**	les souliers.
sourire	il sourit.	**vendre**	qqch. (des souvenirs).
sucrer	(un gâteau).	**venir**	**de** toutes les régions / **sur** la place / **au** Québec / **avec** des amis // aider qqn // **de** couper.
suivre	un sentier.		
se taire	tais-toi !		
taper	**sur** un verre **avec**...	**visiter**	le centre Beaubourg / Paris.
téléphoner	**à** qqn / **à** la police.	**vivre**	il vit seul) // **à** Rennes / **en** Bretagne / **dans** un petit village.
tenir	la ficelle.		
tomber	vous êtes tombé // **dans** l'eau / **en** panne.	**voir**	la différence **entre**... / un objet / qqn entrer.
toucher	qqn / qqch. (un nid).	**voler**	les oiseaux volent (**autour**) // de l'argent (**à** qqn) / Mlle Vigneau.
tourner	la tête / trois fois **autour de** la maison // il tourne (**dans** le sens des aiguilles d'une montre).		
		voter	comment votera la Française ?
travailler	**à** l'usine / **dans** les champs / x heures **par** semaine / au pair // Ma mère travaille.	**vouloir**	un autographe / du travail // sortir.
		voyager	seul / **en** avion.

5. les verbes et les temps

Il y a les verbes faciles...

	Présent	Impératif	Imparfait	Futur	Conditionnel	Passé Composé
donner	je donne	donne	je donnais	je donnerai	je donnerais	j'ai donné
appeler	j'appelle	appelle	j'appelais	j'appellerai	j'appellerais	j'ai appelé
appuyer	j'appuie	appuie	j'appuyais	j'appuierai	j'appuierais	j'ai appuyé

C'est la même chose pour tous les verbes qui se terminent par -ER à l'infinitif.
Regarde aussi ton livre pages 9 (verbe *appeler*), 32 (verbe *jeter*), 93 (verbes *s'ennuyer, essayer, payer*) et 110 (verbes en *-ger*).

s'amuser	je m'amuse	amuse-toi	je m'amusais	je m'amuserai	je m'amuserais	je me suis amusé(e)

C'est la même chose pour tous les verbes qui s'écrivent SE + Verbe à l'infinitif. Regarde ton livre pages 31 et 62.

je	me	suis levé(e)
tu	t'	appelles comment ?
Catherine	s'	ennuie

nous	nous	sommes renseigné(e)s au Syndicat d'initiative
vous	vous	êtes trompé(e)s
ils	se	plaignent tout le temps

Au passé composé, on utilise toujours le verbe *être*.

... et il y a les autres verbes :

	Présent	Impératif	Imparfait	Futur	Conditionnel	Passé composé
aller	je vais nous allons ils vont	va allons allez	j'allais	j'irai	j'irais	je suis allé
apercevoir	j'aperçois nous apercevons	aperçois apercevons	j'apercevais	j'apercevrai	j'apercevrais	j'ai aperçu
s'asseoir	je m'assieds ils s'asseyent	assieds-toi asseyez-vous	je m'asseyais	je m'assiérai	je m'assiérais	je me suis assis
attendre	j'attends	attendez	j'attendais	j'attendrai	j'attendrais	j'ai attendu
avoir	j'ai, tu as nous avons ils ont	aie ayons ayez	j'avais	j'aurai	j'aurais	j'ai eu
boire	je bois nous buvons ils boivent	bois buvons buvez	je buvais	je boirai	je boirais	j'ai bu
choisir	je choisis	choisissez	je choisissais	je choisirai	je choisirais	j'ai choisi
comprendre	Voir PRENDRE					
conduire	je conduis	conduisez	je conduisais	je conduirai	je conduirais	j'ai conduit
connaître	je connais	connaissez	je connaissais	je connaîtrai	je connaîtrais	j'ai connu

contredire	je contredis	contredisez	je contredisais	je contredirai	je contredirais	j'ai contredit
courir	je cours	courez	je courais	je courrai	je courrais	j'ai couru
croire	je crois	croyez	je croyais	je croirai	je croirais	j'ai cru
découvrir	Voir OUVRIR					
décrire	Voir ÉCRIRE					
descendre	je descends	descendez	je descendais	je descendrai	je descendrais	j'ai descendu
détruire	je détruis	détruisez	je détruisais	je détruirai	je détruirais	j'ai détruit
devoir	je dois		je devais	je devrai	je devrais	j'ai dû
dire	je dis nous disons vous dites	dis disons dites	je disais	je dirai	je dirais	j'ai dit
se distraire	je me distrais	distrayez-vous	je me distrayais	je me distrairai	je me distrairais	je me suis distrait
dormir	je dors	dormez	je dormais	je dormirai	je dormirais	j'ai dormi
écrire	j'écris nous écrivons	écrivez	j'écrivais	j'écrirai	j'écrirais	j'ai écrit
entendre	j'entends	entendez	j'entendais	j'entendrai	j'entendrais	j'ai entendu
être	je suis tu es / il est nous sommes vous êtes ils sont	sois soyons soyez	j'étais	je serai	je serais	j'ai été
faire	je fais nous faisons vous faites ils font	fais faisons faites	je faisais	je ferai	je ferais	j'ai fait
falloir	il faut		il fallait	il faudra	il faudrait	il a fallu
finir	je finis	finissez	je finissais	je finirai	je finirais	j'ai fini
lire	je lis	lisez	je lisais	je lirai	je lirais	j'ai lu
mettre	je mets	mettez	je mettais	je mettrai	je mettrais	j'ai mis
mourir	il meurt		il mourait	il mourra	il mourrait	il est mort
naître						il est né
ouvrir	j'ouvre	ouvrez	j'ouvrais	j'ouvrirai	j'ouvrirais	j'ai ouvert
partir	je pars	partez	je partais	je partirai	je partirais	je suis parti
perdre	je perds	perdez	je perdais	je perdrai	je perdrais	j'ai perdu
se plaindre	je me plains nous nous plaignons	plaignez-vous	je me plaignais	je me plaindrai	je me plaindrais	je me suis plaint
se plaire	je me plais		je me plaisais	je me plairai	je me plairais	je me suis plu

5. les verbes et les temps

	Présent	Impératif	Imparfait	Futur	Conditionnel	Passé composé
pleuvoir	il pleut		il pleuvait	il pleuvra	il pleuvrait	il a plu
pouvoir	je peux nous pouvons ils peuvent		je pouvais	je pourrai	je pourrais	j'ai pu
prendre	je prends nous prenons	prenez	je prenais	je prendrai	je prendrais	j'ai pris
promettre	Voir METTRE					
recevoir	Voir APERCEVOIR					
réfléchir	je réfléchis	réfléchissez	je réfléchissais	je réfléchirai	je réfléchirais	j'ai réfléchi
remplir	je remplis	remplissez	je remplissais	je remplirai	je remplirais	j'ai rempli
rendre	je rends	rendez	je rendais	je rendrai	je rendrais	j'ai rendu
repartir	Voir PARTIR					
répondre	je réponds	répondez	je répondais	je répondrai	je répondrais	j'ai répondu
réussir	je réussis	réussissez	je réussissais	je réussirai	je réussirais	j'ai réussi
rire	je ris	riez	je riais	je rirai	je rirais	j'ai ri
salir	je salis	salissez	je salissais	je salirai	je salirais	j'ai sali
savoir	je sais nous savons	sache sachez	je savais	je saurai	je saurais	j'ai su
servir	je sers	servez	je servais	je servirai	je servirais	j'ai servi
sortir	je sors	sortez	je sortais	je sortirai	je sortirais	je suis sorti
sourire	Voir RIRE					
suivre	je suis	suivez	je suivais	je suivrai	je suivrais	j'ai suivi
se taire	je me tais	taisez-vous	je me taisais	je me tairai	je me tairais	je me suis tu
tenir	je tiens	tenez	je tenais	je tiendrai	je tiendrais	j'ai tenu
vendre	je vends	vendez	je vendais	je vendrai	je vendrais	j'ai vendu
venir	je viens	venez	je venais	je viendrai	je viendrais	je suis venu
vivre	je vis	vivez	je vivais	je vivrai	je vivrais	j'ai vécu
voir	je vois	voyez	je voyais	je verrai	je verrais	j'ai vu
vouloir	je veux nous voulons ils veulent		je voulais	je voudrai	je voudrais	j'ai voulu

⚠️ Pour **re**lire, **re**prendre, **re**tenir, **re**voir, *voir :* LIRE, PRENDRE, TENIR, VOIR.

la France et ses départements

de A à Z, la grammaire dans ton livre

à : 80
accent : 80
adjectif : 37, 133
anti : 117
appeler : 7, 9, 32, 135, 140
aussi : 37
autant : 37, 85, 132

beaucoup : 37, 67, 132
bien : 37, 43, 67

celle-ci/celui-ci : 68, 132, 134
ces/ses : 63, 132
c'est... que/qui, 43, 130, 131
c'est un.../il est : 7
comme : 37
comprendre : 32, 136, 140
conditionnel : 79, 91, 93, 140-142

demander + où, comment ... : 103
dire : 103, 104, 136, 141

en : 134
en + **verbe** -ant : 31
est-ce que : 61
-eur/-euse : 92, 127
futur : 21, 32, 91, 93, 140-142

il a les (yeux bleus) : 7
il est.../c'est un : 7
il faut : 31, 137, 141
im-/in- : 45, 128
imparfait : 55, 91, 140-142
impératif : 31, 130, 140-142

infinitif : Verbe + inf. : 31
 + à + inf. : } 135-139
 + de + inf. :

jamais : 55, 130
j'/je : 8
jeter : 32, 137, 140

là : 80
la/les : 43, 134
laisser : 19, 137
leur : 15, 132, 134
lui/eux : 43, 134

meilleur : 37
-ment : 57, 127
mieux : 37
moi : 43, 67
moins : 37, 85, 132, 133

n'/ne : 8, 44
ne + jamais, + pas, + plus, + rien : 31, 55, 67, 109, 115, 130, 131
où : 61, 80, 103, 129, 130

parce que : 85
pas (ne... pas) : 55, 130, 131
peu (un-) : 37, 132
pluriels irréguliers : 32
plus (ne... plus) : 55, 67, 130
plus : 37, 85, 133
pour : 23, 31
pouvoir : peux-tu/pourriez-vous : 13, 138, 142
prendre : 32, 138, 142

quand : 55, 61, 91, 129
que : 31, 132, 133
que + **phrase** : 67, 91, 103, 135-139
quel (le) : 61, 115, 130
questions : 7, 13, 23, 61, 67, 103, 129, 130, 131
qui : 7, 133

ne : 44

r/re- : 45, 128
rien (ne... rien) : 55, 131
ressembler : 37, 138

s ou ss : 117
savoir : 13, 103, 130, 138, 142
se + **verbe** : 62, 140
ses/ces : 63, 132
si (oui) 61 ; (**conditionnel**) : 91

-t- : 61, 104
toi : 43
tout : 132
très : 43, 115

verbe en -yer : 93, 140
 en -cevoir : 93, 140
 en -ger : 110, 140
 en -ler/ter : 32, 140

vouloir : 19, 79, 139, 142
vraiment : 43, 67

y : 109, 129, 134

dessins de

Arias : 14[1], 44, 92[1]/D. Convard. 4, 5, 6[3]/B. Daullé : 34, 35, 46 à 50, 58, 64, 65, 88, 89, 91[1], 108/A. Depresles : 24, 26, 27, 60, 124/P. Douenat : 52, 53, 55/J. Faizant, extrait d'une planche parue dans *Le Point*, n° 206, 107[2]/ F. Forcadell : *Des mots pour le dire*, 94, 95, 126 à 133/A. Frappier : *Des mots nouveaux*, 12, 14[2], 18, 20, 32, 38, 84, 100, 101, 104[2], 105, 112, 116, bas des pp. 56, 62, 68, 81, 86, 87, 92, 110/A. Guillemin. 76 à 78/ C. Lacroix : 22, 25/P. Legendre : 42, 96, 97, 102, 118/J. Makowska : 28, 29, 32 (haut), 33 (haut)/W. Marshall : 8, 20, 39[1], 56[1], 62[1], 63[1], 68[1], 80, 81[1], 86, 87, 104[1], 110/B. Monzein : 90, 99, 112, 113/G. Pichard : 75[3]/ P. Poulain : 54, 70 à 74, 75[1], 75[2]/J. Schatzberg : 51, 66, 106[1], 115, 125/Uderzo : *Astérix et les Goths* : 6[1], *Astérix aux Jeux Olympiques* : 30, © Dargaud éditeur/C. Verniau : 30, 82, 83/Wolinski. Pub. Renault, *Nouvel Observateur* : 69[2], 107[1].

photographies de

Agip : 124[2]/Bajande-Rapho : 70/M. Bellieud-Pitch : 33/de Bergh. 14, 45[1], 45[5]/S. Bois-Prévost-Viva : 36[2]/R. Burri-Magnum : 45[3]/D. Cadier-Hachette : 79/*Cahiers du cinéma* : 122[2]/Colorsport : 114[D]/A. Dagbert-Viva : 123[3]/P. Danot : 50/A. Depresles : 116/Doisneau-Rapho : 28/EDF-P. Berenger : 82/Esaias-Baitel-Viva : 75, 114[B]/Flochon-Gamma : 73[1]/J.-Cl. Francolon-Gamma : 6/Fronval : 36[1]/H. Gloaguen-Viva : 17, 54[4]/J. M. Guerlain : 123[1]/Hachette : 59[1]-125/Hachette-A. Schaefer : 40, 41, 96, 97/Hermann-Gamma : 36[3]/F. Hers-Viva : 54[2]/Y. Jeanmougin-Viva : 114[C]/Keystone : 119-124[1]/C. Kuhn : 45[2]/M. Laurent-Gamma : 54[1]/Lavigne-Sygma : 92/P. H. Maille : 12, 24[1], 122[1], 123[2]/*Paris-Match*, Le Tac : 29/J. Pottier-Rapho : 83[1]/C. Raimond-Dityvon-Viva : 54[3]/S. Simon : 42/H. Szwarc : 18, 54[5], 73[2], 114[A]/Uzan-Gamma : 25, 83[2]/R. Van Der Plassche-Gamma : 60/B. Villain : 45[4].

Photographie de couverture : Anne-Marie Berger/maquette : Amalric.